Agiles Projektmanagement

Scrum, Use Cases, Task Boards & Co.

Dr. Jörg Preußig

Inhalt

Die neue Form des Projektmanagements 5

- Was ist agiles Projektmanagement? 6
- Die besten Einsatzmöglichkeiten 11
- Die agilen Grundwerte 16
- Wie agiles Projektmanagement funktioniert 24
- Klassische Projekte versus agile Projekte 33

Die agilen Prinzipien 45

- Die 12 Gebote 46
- Mehr Flexibilität im Projekt 47
- Änderungswünschen positiv begegnen 59

Die agilen Techniken 77

- Ein erster Überblick 78
- Projekte steuern: Task Boards, Daily-Standups und WIP-Limits 79
- Projektanforderungen im Griff: Use Cases, Epics und Persona 91
- Alles unter Kontrolle: Planning Poker, Burn-Down-Charts & Co. 98
- Der Mix macht's: Kombination agiler Techniken 120
- Software-Tools 126

Die agilen Methoden — 131

- Was agile Methoden bewirken — 132
- Scrum — 134
- Scrum But — 153
- Passt das agile Vorgehen zu Ihrem Projekt? — 159
- Klassische und agile Methoden mixen — 161

Das Miteinander in agilen Teams — 167

- Ein funktionierendes Team: Schlüsselfaktor im agilen Projekt — 168
- Aktiv Verantwortung übernehmen — 175
- Zusammenarbeit fördern — 181
- Projektmanager und Scrum Master als Team-Coaches — 199

- Glossar — 219
- Anhang: Manifest für Agile Softwareentwicklung — 231
- Literatur und Links — 232
- Stichwortverzeichnis — 233

Vorwort

Wir agieren in einer schnelllebigen Zeit, in einer Zeit, in der die Konkurrenz nicht schläft und der Kunde König sein sollte, wenn man langfristig auf dem Markt bestehen will. Das klassische Projektmanagement stößt hier schnell an seine Grenzen. Dies vor allem, wenn von Kundenseite bei gleichbleibendem Budget und einem fixen Zeitplan ständig neue Anforderungen gestellt werden. Grund genug darüber nachzudenken, wie man Projekte trotz dieser Herausforderungen so stemmen kann, dass hinterher alle Beteiligten zufrieden sind.

Das agile Projektmanagement kann hier Lösungsansätze bieten. Es stammt nicht etwa aus dem Elfenbeinturm der Wissenschaft, sondern mitten aus der Praxis der Softwareentwicklung – einem Bereich, der wie kein anderer flexibel mit ständig wechselnden Rahmenbedingungen jonglieren muss. Während dort agile Techniken und Methoden mittlerweile unbestritten und spätestens durch Scrum in der Breite bekannt geworden sind, werden sie sonst kaum oder eher zufällig angewendet. Dabei lohnt sich ein bewusster Blick in die agile Projektwelt durchaus. Sie bietet viele hilfreiche Instrumente, die vielleicht auch zu einem Erfolgsfaktor für Ihr Projekt werden können. Dieser TaschenGuide hilft Ihnen herauszufinden, wie Sie das agile Projektmanagement für sich und Ihre Projekte gewinnbringend nutzen können.

Viel Erfolg dabei wünscht Ihnen

Dr. Jörg Preußig

Mein besonderer Dank gilt meiner Frau Yvonne Brockerhoff. Mit ihrem wertvollen Feedback und dem Design der Grafiken hat sie wesentlich an diesem Buch mitgewirkt.

Die neue Form des Projektmanagements

Ihr Kunde ändert ständig die Anforderungen? Ihre Projekt-planung wird immer unverbindlicher? Die Motivation im Team lässt zu wünschen übrig? Agiles Projektmanagement könnte die Lösung für Ihre Probleme sein.

In diesem Kapitel erfahren Sie,

- warum agiles Projektmanagement entwickelt wurde,
- für welche Projekte es sich besonders eignet,
- welche Grundwerte sein Fundament ausmachen,
- wie es funktioniert.

Was ist agiles Projektmanagement?

Kent Beck und andere erfahrene Softwareentwickler veröffentlichten 2001 das sog. Agile Manifest. Dort formulierten sie – basierend auf ihrer umfangreichen Erfahrung in der Abwicklung von Softwareprojekten – eine Reihe von Ideen, Prinzipien und Werten, die zu einem besseren Vorgehen bei der Softwareentwicklung führen sollten. Sie bekannten sich darin z.B. zu einer neuen Priorisierung von Werten und schufen so das Fundament für das agile Projektmanagement:

- So sollte bei der Softwareentwicklung der Fokus künftig mehr auf den Individuen und deren Interaktionen als auf den Prozessen und Werkzeugen liegen.
- Funktionierende Software sollte wichtiger sein als umfassende Dokumentation.
- Zusammenarbeit mit dem Kunden sollte eine größere Rolle spielen als Vertragsverhandlung.
- Das Reagieren auf Veränderung sollte wichtiger sein als das Befolgen eines Plans.

> Um die agilen Techniken in der Praxis sinnvoll einsetzen zu können, ist es wichtig, auch die agilen Werte und Prinzipien verstanden zu haben.

Nach und nach haben sich verschiedene Techniken herauskristallisiert, um die recht abstrakten Werte und Prinzipien des Manifests in die Praxis umzusetzen. Dazu zählen beispielsweise „Task Boards", „Daily-Standup-Meetings" und „User Stories", um nur einige zu nennen.

Daraus wiederum haben sich die sog. agilen Methoden entwickelt. Schon seit vielen Jahren halten diese Methoden fortschreitend Einzug in die Softwareentwicklung, insbesondere unter den Begriffen „Unified Process", „Extreme Programming" und „Scrum". Seit etwa 2010 haben die verschiedenen Organisationen, die sich mit der Standardisierung und Zertifizierung im Projektmanagement beschäftigen, diese neue Strömung erkannt und unter dem Begriff „Agiles Projektmanagement" aufgegriffen. So gibt es z.B. beim renommierten Project Management Institute (PMI) seit 2012 eine Zertifizierung zum „Agilen Projektmanager" (PMI-ACP).

Eine Universallösung?

Mittlerweile werden die agilen Konzepte auch auf Projekte außerhalb der Softwareentwicklung übertragen – was in den meisten Fällen machbar, wenn auch nicht immer ganz leicht ist, wie wir später noch sehen werden.

Agiles Projektmanagement ist eine Antwort auf die zunehmende Geschwindigkeit, mit der Projekte abgewickelt werden müssen, und auf die Erkenntnis, dass in vielen Projekten Abweichungen vom Plan eher die Regel als die Ausnahme sind. Letzteres gilt insbesondere dort, wo die Anforderungen an das Produkt (das Projektergebnis) zu Beginn des Projektes nicht vollends klar sind.

Beispiel:

 Dies kann der Fall sein, weil der Kunde zu Anfang noch nicht exakt weiß, was er braucht, oder weil die Beteiligten die Komplexität des Produktes noch nicht ganz durchdrungen haben.

Bei herkömmlichem Projektmanagement führt eine Veränderung der Anforderung fast zwangsläufig zu höheren Kosten oder längerer Projektlaufzeit. Beim agilen Projektmanagement werden solche Änderungen von vornherein angenommen. Dies hilft dabei, die Kosten einzudämmen und den Zeitplan einzuhalten.

Die Bausteine des agilen Projektmanagements

Zu verstehen, was hinter dem agilen Projektmanagement steht, fällt leichter, wenn man zwischen agilen Werten, Prinzipien, Techniken und agilen Methoden unterscheidet. Die folgende Grafik zeigt, wie diese aufeinander aufbauen.

Was ist agiles Projektmanagement?   **9**

Agile Methoden
geben den agilen Techniken eine Gesamtstruktur hin
zum Projektmanagement

Agile Techniken
sind konkrete Verfahren zur praktischen Umsetzung der
Werte und Prinzipien

Agile Prinzipien
basieren auf den Agilen Werten und
bilden Handlungsgrundsätze

Agile Werte
bilden das Fundament

Systematik des agilen Projektmanagements

Was steckt hinter den Bausteinen des agilen Projekt-managements?	
Agile Werte	Sie spiegeln die wesentlichen Grundsätze im agilen Projektmanagement wider: ein Mehr an Flexibilität und ein Weniger an unnötigen Strukturen. Sie können auf dieser Ebene bereits prüfen, ob das agile Projektmanagement überhaupt zu Ihnen, Ihrem Unternehmen und Ihrem Team passt.

Was steckt hinter den Bausteinen des agilen Projektmanagements?

Agile Prinzipien	Sie beschreiben grundsätzliche Herangehensweisen an das Projektmanagement. Zu diesen Prinzipien zählen z.B. sog. Iterationen und die Selbstorganisation von Teams. Es ist oft gar nicht so leicht, wie es auf den ersten Blick scheint, die Prinzipien auf die eigene Projektwelt zu übertragen.
Agile Techniken	Das sind relativ leicht verständliche, konkrete Maßnahmen, die Sie in Ihr Projektmanagement einbauen können. Die Techniken geben Ihrem Projektmanagement die nötige Struktur. Vor ihrer Anwendung gilt es zu überlegen, welche Technik in welcher Form zu Ihrem konkreten Projekt passt.
Agile Methoden	Sie sind Vorstrukturierungen auf der Ebene von Prozessmodellen. Hier werden Prinzipien und Techniken zu einem schlüssigen Prozess kombiniert. Im Allgemeinen müssen diese Methoden für jedes Projekt und Projektumfeld mehr oder weniger angepasst werden.

Die besten Einsatzmöglichkeiten

So mancher wird sich die Frage stellen, wozu man überhaupt eine andere, eine neue Form des Projektmanagements benötigt. Schließlich hat sich doch die klassische Variante in vielen Bereichen lange Jahre bewährt.

Veränderung in klassischen Projekten

Im klassischen Projektmanagement geht man davon aus, dass die Stakeholder (einfach ausgedrückt: die Personen, die ein Interesse an dem Projekt haben) zu Beginn des Projektes einen relativ hohen Einfluss nehmen können, der jedoch mit weiterem Fortschreiten des Projektes immer mehr abnimmt. So kann der Kunde am Anfang bestimmen, was er genau als Projektergebnis haben möchte. Je weiter das Projekt fortschreitet, desto mehr schwindet sein Einfluss auf das Ergebnis. Denn zum einen sind die Projektergebnisse vertraglich festgelegt. Zum anderen ist er immer weniger in das Projekt eingebunden. Geht man beim Projektmanagement also ganz klassisch vor, so beschreibt der Kunde zu Beginn einmalig, was er haben möchte. Am Ende bekommt er dann das, was der Auftragnehmer als Kundenwunsch verstanden hat.

Außerdem geht das klassische Projektmanagement davon aus, dass Änderungen am Projektauftrag umso teurer werden, je später sie eingebracht werden. Wenn der Kunde in der Anfangsphase sagt, dass er etwas anders haben möchte, ist es noch relativ billig, diese Änderung zu berücksichtigen.

Wenn er gegen Ende des Projektes mit einem Änderungswunsch kommt, entstehen relativ hohe Kosten, um ihn zu berücksichtigen.

In dem Projektmanagement-Handbuch des Project Management Institutes (A Guide to the Project Management Body of Knowledge, 4. Ausgabe 2008, Pennsylvania, USA) wird dies als grundlegender Zusammenhang im Projektmanagement verstanden und akzeptiert. Die folgende Grafik veranschaulicht das.

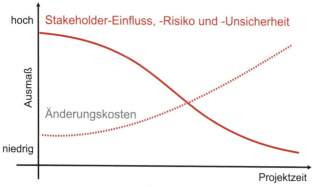

Auswirkungen von späten Änderungen im klassischen Projektmanagement

Den Zusammenhang zwischen den Kosten und dem Zeitpunkt des Änderungswunsches verdeutlicht auch das folgende Beispiel.

Beispiel:

 Zu Beginn eines Brückenbau-Projektes wird man versuchen, die Vorstellungen der verschiedenen Stakeholder (Ämter, Bürger, Experten, Verbände usw.) zu berücksichtigen. Später ist das schon schwieriger: Sind dann die ersten Brückenpfeiler gesetzt, wird eine Veränderung z. B. der Nutzlast oder des Verlaufs der Brücke sehr teuer. Die Möglichkeit der Stakeholder, zu diesem Zeitpunkt noch Einfluss zu nehmen, wird damit deutlich begrenzt.

Veränderung in agilen Projekten

Was beim Brückenbau gilt, muss aber nicht unbedingt in allen anderen Bereichen des Projektmanagements so sein. Und tatsächlich hat sich im Laufe der letzten zehn Jahre immer stärker gezeigt, dass der Zusammenhang aus der Abbildung oben in vielen Projekten verstärkt Schwierigkeiten bereitet.

- Ein wichtiger Grund dafür ist die zunehmende Geschwindigkeit, mit der sich das Umfeld eines Projektes verändert. Wenn eine Firma heute ein Projekt startet und dabei von einer bestimmten Marktsituation ausgeht, dann hat sich diese am Ende des Projektes meist bereits geändert. Somit ist das Produkt, so wie es ursprünglich beschrieben wurde, nur noch bedingt nutzbar. Vielleicht gibt es neue Schnittstellen, die nicht berücksichtigt wurden, oder einen Mitbewerber mit einem neuen Produkt, das man hätte beachten müssen.

- Auch ist es kaum realistisch, dass der Kunde zu Beginn eines Projektes genau beschreiben kann, wie das Produkt aussehen soll – vor allem nicht, wenn es sich um komplexe oder neuartige Produkte handelt. Zudem ist die Beschreibung von Anforderungen, die meist nur schriftlich stattfindet, stets anfällig für Missverständnisse.

Für einen erfolgreichen Projektverlauf wäre es daher viel sinnvoller, wenn der Kunde und andere Stakeholder immer wieder Einfluss nehmen könnten und die Kosten für dadurch entstehende Änderungswünsche trotzdem nahezu konstant blieben. Genau dies ist das Ziel des agilen Projektmanagements. „Agil" im Sinne von „beweglich" und „reaktionsschnell" bezieht sich also auf den Umgang mit Änderungen der Projektanforderungen.

> Wie gehen Sie mit den Unsicherheiten um, die Ihr Projekt unweigerlich begleiten? Das agile Projektmanagement greift diese Unsicherheiten systematisch auf und versucht, sie zum Vorteil des Kunden und des Projektes insgesamt zu nutzen.

Die folgende Grafik veranschaulicht diesen wichtigen Unterschied zwischen klassischem und agilem Projektmanagement.

Die besten Einsatzmöglichkeiten   **15**

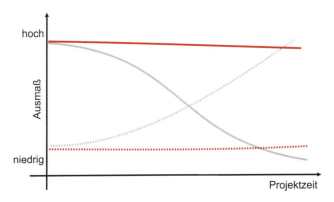

	Klassisch	Agil
Einfluss Stakeholder	———	———
Kosten für Änderungen	········	········

Veränderung im Projekt: klassisch versus agil

Beim agilen Projektmanagement können die Stakeholder also während des Projektverlaufs immer wieder ihre Anforderungen justieren. Durch den Einsatz agiler Prinzipien und Techniken sollen die Kosten für Änderungen niedrig bleiben. Eine nahezu konstant flache Kostenkurve wie in der Grafik oben ist natürlich ein Ideal, das in der Praxis agiler Projekte nicht immer zu erreichen ist. Entscheidend ist, dass das Verhältnis zwischen den beiden Kurven stimmig ist. Sie dürfen Änderungen nur in dem Maße zulassen, in dem Sie auch die Kosten für Änderungen im Griff haben. Denn die Gesamtkosten des Projektes sollen ja im vorgegebenen Rahmen bleiben.

Bei der Softwareentwicklung ist es einfacher, eine flache Kostenkurve in den Projekten trotz Änderungen zu erreichen. Dort können durch automatisierte Tests und moderne Entwicklungswerkzeuge Änderungen mit relativ geringem Aufwand realisiert werden. In anderen Projektfeldern ist dies auch möglich, man muss allerdings intensiver nach Möglichkeiten Ausschau halten.

In der Praxis stößt man immer wieder auf Chaos-Projekte, die sich hinter dem Begriff „agil" verschanzen. Nur Projekte, in denen systematisch agile Techniken eingesetzt werden, um die in der Grafik dargestellten Ziele zu realisieren, sind echte agile Projekte.

Die agilen Grundwerte

Im Agilen Manifest, quasi der Gebotstafel für das agile Projektmanagement, werden dessen Grundwerte wie folgt beschrieben:

- Menschen und deren Zusammenarbeit sind wichtiger als Prozesse und Werkzeuge (Originaltext: „Individuals and interactions over processes and tools").

- Ein funktionierendes Produkt ist wichtiger als umfassende Dokumentation („Working software over comprehensive documentation").

- Die Zusammenarbeit mit dem Kunden ist wichtiger als Vertragsverhandlungen („Customer collaboration over contract negotiation").

- Die Reaktion auf Veränderung ist wichtiger als das Befolgen eines Plans („Responding to change over following a plan").

Die agilen Werte geben noch keinen konkreten Hinweis darauf, was genau man bei „klassischen" Projekten ändern kann, um agiler zu werden. Insofern lassen sie sich zwar leicht auf Projekte außerhalb der Softwareentwicklung übertragen. Unklar bleibt jedoch, welchen Nutzen das für ein Projekt bringt.

Im wesentlichen können Sie an dieser Stelle jedoch für sich feststellen, ob Sie diese Werte grundsätzlich teilen, und damit auch eine gewisse Affinität zum Agilen Projektmanagement haben, oder ob Sie den Werten eher kritisch gegenüberstehen. In meiner Seminarpraxis zeigt sich häufig, dass Teilnehmer, die diese Werte gutheißen, auch Projekte leiten, die von ihrer Struktur her stärker vom Agilen Projektmanagement profitieren können, und umgekehrt. Zwar sind viele, jedoch nicht alle Projekte in gleichem Maße für den Einsatz agiler Techniken geeignet.

Das Menschliche ist wichtiger als Prozesse und Technik

Ein wesentlicher agiler Grundwert ist es, dass Menschen und deren Zusammenarbeit wichtiger sind als Prozesse und Werkzeuge. An sich ist das eine Selbstverständlichkeit, in der Realität sieht es oft anders aus. Der Einsatz von Kommunikationstechnologien hat das Projektmanagement sehr vereinfacht. Es hat sich aber auch gezeigt, dass diese Technologien in sinnvollem Maße eingesetzt werden müssen, damit die

Kommunikation zwischen den Beteiligten nicht leidet. Dazu ein Beispiel, das vielen bekannt vorkommen wird: Bei Softwareprojekten gibt es manchmal E-Mail-Verkehr in Pingpong-Manier, bei dem letztlich nur noch Verantwortung hin und her geschoben wird. Dabei wäre ein persönlicher Austausch in einem Telefonat zur Klärung viel effektiver.

Noch komplexer wird das Problem beim Einsatz sog. Issue-Tracker. Das sind Systeme, die der automatisierten Verfolgung von Kundenanfragen und Softwareanforderungen dienen. Sie implementieren meist ziemlich komplizierte Prozesse, die es für den einzelnen Mitarbeiter einzuhalten gilt. Wenn dann zeitkritische Situationen entstehen, z.B. weil eine Lösung unbedingt kurzfristig benötigt wird, muss irgendjemand die Entscheidung treffen, den Prozess zu umgehen. Dazu gibt es aber nur sehr selten klare Vorgaben seitens der Projektleitung, und es fällt dem Einzelnen dann leicht, sich hinter dem Prozess „zu verstecken". Als Folge bleiben z.B. wichtige Kundenanfragen unbeantwortet.

Beispiel:

In einem großen Unternehmen werden Kundenanfragen mit einem Issue-Tracker-Tool erfasst. Herr Meier nimmt die Anfrage am Telefon entgegen und trägt sie im Tool ein. Da er sie nicht selber bearbeiten kann, weist er sie Frau Schulze zu. Die hat gerade wenig Zeit, schreibt einen Kommentar an die Anfrage und weist sie Herrn Zobel zu. So geht es noch ein paar Mal weiter. Nach einer Woche ruft der Kunde wieder an. Herr Meier schaut im Tool nach und stellt fest, dass noch niemand wirklich an der Anfrage des Kunden gearbeitet hat.

Im agilen Projektmanagement sind dagegen Personen und deren Kooperation miteinander wichtiger als Prozesse und Werkzeuge. Um die Probleme zu vermeiden, die mit dem übermäßigen Gebrauch von Prozessen und Werkzeugen einhergehen, sollen einfache Strukturen genutzt werden. Dazu gehören kurze Kommunikationswege und gemeinsame Verantwortlichkeiten, damit Entscheidungen von verschiedenen Einzelpersonen schneller getroffen werden können. Natürlich ist es dann auch wieder wichtig, sie schnell an alle Entscheidungsträger und Betroffenen zu kommunizieren.

Beispiel:

Ein Mitarbeiter aus der Qualitätssicherung findet einen Fehler im Produkt. Da ihm der Fehler kritisch erscheint, trägt er ihn nicht wie vorgesehen einfach nur in ein System ein. Er ruft kurz in der Entwicklungsabteilung an und bespricht das Problem mit einem Entwickler. Der Entwickler kommt vorbei, lässt sich das Problem erklären und macht sich dann sofort daran, den Fehler zu beheben.

Ein funktionierendes Produkt ist wichtiger als Papierkram

Im klassischen Projektmanagement gibt es eine Vielzahl von Papieren und Dateien, die der Dokumentation der Projektstrukturen, des -fortschrittes und des -ergebnisses (Liefergegenstand) dienen. In der Praxis zeigt sich, dass sowohl die Projektmitarbeiter als auch die Kunden nur selten Informationen aus der Dokumentation ziehen, sondern lieber direkt jemanden fragen, den sie für kompetent halten.

Denken Sie z.B. an das Textverarbeitungsprogramm Word. Wie viel Prozent der dort vorhandenen Funktionen sind Ihnen bekannt? Vermutlich weit weniger als ein Fünftel! Und wie viel Prozent der von Ihnen benutzten Funktionen haben Sie in einer Dokumentation nachgelesen? Wie viele dagegen haben Sie sich durch das Fragen anderer Benutzer oder durch Ausprobieren angeeignet? Letzteres war bzw. ist vermutlich Ihre Hauptlernmethode. Genauso verhält es sich auch bei Projektmitarbeitern, die nur selten die Projektdokumentation in dem Umfang lesen, wie deren Autoren es sich erhoffen.

Im agilen Projektmanagement wird nur so viel Dokumentation erzeugt, wie tatsächlich notwendig ist. Als viel wichtiger wird es angesehen, dass die Software funktioniert, bzw., allgemein gesprochen, dass das Produkt für den Kunden sinnvoll einsetzbar ist. Statt Energie in umfangreiche Dokumentation zu stecken, sollen die Teammitglieder sich also auf eine gute Abstimmung untereinander und mit dem Kunden konzentrieren.

Natürlich verzichtet das agile Projektmanagement nicht auf Dokumentation, die wirklich wichtig ist. Dokumentation, die mit dem Produkt ausgeliefert werden muss, wird dort als Teil des Produktes verstanden. Sie kann genauso wie der Rest des Produktes agil entwickelt werden.

Beispiel:

 In einem Projekt für die Pharmaindustrie wird ein Maschinenbauteil entwickelt, dass anschließend zur Produktion von Medikamenten eingesetzt werden soll. Zur Qualitätssicherung gibt es strenge Auflagen an die Dokumentation des Bauteils selber und den Entwicklungsprozess. Ohne diese Dokumente darf das Bauteil nicht verwendet werden. Daher sind die Dokumente hier im Verständnis des agilen Projektmanagements Teile des Produkts.

Die Nähe zum Kunden ist wichtiger als das Vertragliche

Das klassische Projektmanagement arbeitet in der Regel mit ausführlichen Vertragsdokumenten, die möglichst genau und verbindlich das beschreiben, was dem Kunden geliefert werden soll. Je komplexer das Projekt ist, desto umfangreicher und verzwickter können diese Beschreibungen werden, da beide Seiten (Auftragnehmer und Auftraggeber) versuchen, sich im Hinblick auf eventuelle Missverständnisse möglichst gut abzusichern. Am Ende eines Projektes stehen dann häufig Diskussionen, wie genau bestimmte Stellen im Vertrag gemeint waren und ob diese und jene Anforderung nun im Projektumfang enthalten ist oder nicht. Nicht selten kommt es dann zu massiven Unstimmigkeiten oder gar Rechtsstreitigkeiten.

Beim agilen Projektmanagement steht die Zufriedenheit des Kunden mit dem gelieferten Produkt im Vordergrund. Dazu soll eine gute Zusammenarbeit zwischen beiden Seiten beitragen. Sie wird insbesondere durch das Prinzip des iterativen Vorgehens umgesetzt (mehr dazu im Kapitel „Die agilen Prinzipien"). Dabei baut das agile Projektmanagement auf systematisches Zwischenfeedback vom Kunden, das im Projektverlauf berücksichtigt wird. Dies macht die Absicherung durch Vertragsdokumente weitaus weniger erforderlich als beim klassischen Projektmanagement.

Beispiel:

> Ein Logistikunternehmen lässt in einem großen, klassisch gemanagten Projekt seine Prozesssteuerungssoftware ablösen. Am Ende stellt sich heraus, dass nicht alle Anforderungen wie gewünscht umgesetzt wurden, obwohl dazu umfassende Vertragsverhandlungen stattgefunden haben. Nun werden in enger Zusammenarbeit mit dem Lieferanten der Software die notwendigen Anpassungen vorgenommen. Bei der „Schuldfrage" und dem damit verbundenen Finanziellen einigt man sich auf einen pragmatischen Mittelweg.

Dieses Beispiel zeigt, dass auch in klassischen Projekten – Verträge hin oder her – am Ende meist eine enge Kooperation gesucht wird. Warum also nicht gleich darauf setzen?

Die Reaktion auf Veränderung ist wichtiger als der Plan

Beim klassischen Projektmanagement geht man davon aus, dass das Produkt sowie der Projektverlauf planbar sind. Wie bereits dargestellt, ändern sich die Anforderungen an das Produkt jedoch oft während des Projekts. Die häufigsten Gründe dafür sind Veränderungen im Projektumfeld und die Komplexität der Anforderungen. Letztere führt häufig dazu, dass der Kunde selbst erst im Verlauf des Projektes mehr Verständnis dafür entwickelt, was er eigentlich will. Insgesamt stößt der klassische Ansatz in der Praxis also auf ein Problem. Im Agilen Manifest heißt es dazu: „Je mehr du einem Plan folgst, desto mehr bekommst du das, was du geplant hast, statt dem, was du brauchst".

Das agile Projektmanagement sieht demgegenüber Veränderung als festen Bestandteil eines Projektes. Es verwendet daher Techniken, deren Ziel es ist, Veränderungen frühzeitig zu erkennen und die Aufwände für die Anpassung an die Veränderungen möglichst gering zu halten.

Beispiel:

> Eine Agentur soll ein Corporate Design für einen mittelständischen Betrieb erstellen. Der Kunde wird zu Beginn des Projektes nach seinen Vorstellungen gefragt und bekommt am Ende des Projektes drei Vorschläge, von denen ihm keiner zusagt. Offenbar wurden die Anforderungen des Kunden nicht richtig verstanden oder sie haben sich während des Projektverlaufs geändert. Bei einem agilen Vorgehen wäre der Kunde frühzeitig mit Zwischenergebnissen (z. B. Farbgestaltung) versorgt worden und hätte durch sein Feedback nachsteuern können.

Darüber hinaus wird Veränderung im agilen Projektmanagement auch als Chance gesehen, z. B. als Gelegenheit, vorhandene Teilprodukte zu verbessern. In einem Softwareprojekt kann dies beispielsweise die Verfeinerung der Architektur bedeuten, die dann wiederum Erweiterungen der Software vereinfacht.

Wie agiles Projektmanagement funktioniert

In diesem Kapitel lernen Sie anhand eines kleinen Beispielprojekts die wesentlichen Ideen und Abläufe des agilen Projektmanagements kennen.

Der Projektstart

Maria Müller leitet ein kleines Software-Unternehmen mit vier Entwicklern. Ein Kunde meldet sich. Er braucht eine Kalender-Applikation. Frau Müller trifft sich mit dem Kunden, um zu verstehen, was genau er eigentlich braucht. Dabei lässt sie sich alles, was die Kalender-Applikation können soll, aus Sicht des Kunden („Anwendungsfälle", „User Storys") beschreiben. Dieser sagt zum Beispiel, er möchte Termine eintragen und verschieben können und zwischen einer Tages- und Wochenansicht wechseln. Diese Anforderungen hält Maria Müller einzeln fest:

- Neuen Termin in den Kalender eintragen
- Vorhandenen Termin verschieben
- Zur Tagesansicht wechseln
- Zur Wochenansicht wechseln

Anforderungen aus Kundensicht

Der Kunde äußert den Wunsch, dass es auch möglich sein soll, Terminkategorien wie „beruflich" und „privat" zu unterscheiden. Frau Müller schreibt nun nicht einfach nur „Terminkategorien unterscheiden", da sie die Anforderungen ihres Kunden richtig verstehen will. Dazu muss sie wissen, was genau der Kunde an dieser Stelle mit der fertigen Applikation machen will. Also fragt sie nach und bekommt heraus, welche konkreten Schritte in der Applikation der Kunde im Kopf hat. Sie schreibt auf:

- Neue Terminkategorie anlegen (z.B. beruflich, privat, Urlaub)
- Einem neuen Termin eine bestimmte Kategorie zuweisen
- Die Kategorie für einen bestehenden Termin ändern

Das Produkt wird aus Sicht des Kunden beschrieben und aus der Perspektive: Was kann der Kunde alles mit dem fertigen Produkt machen? Dies ist die Basis für eine agile Produktentwicklung, damit der Kunde im weiteren Projektverlauf wirklich mitreden kann.

Am Ende des Gesprächs hat Maria Müller ein Verständnis dafür entwickelt, was ihr Kunde eigentlich braucht. Da sie sich in ihrem Geschäft auskennt, kann sie abschätzen, welchen Aufwand sie für die Produktentwicklung benötigt. Sie nennt dem Kunden einen Endtermin der Entwicklung in zwei Monaten. Gleichzeitig vereinbart sie mit ihm, alle zwei Wochen ein Teilprodukt zu präsentieren. Außerdem ist der Kunde bereit, kurzfristig auf Nachfragen zu den Anforderungen Antworten zu geben.

Frau Müller hat nun also eine ganze Reihe von sog. Anwendungsfällen gesammelt und versteht auf diesem Beschreibungsniveau, was der Kunde möchte.

> Die zu Beginn gesammelten Anwendungsfälle geben erst einmal nur die Richtung für die ersten Schritte der Entwicklung vor. Im Laufe der Zusammenarbeit wird der Kunde noch besser verstehen, was genau er braucht. Er kommt dann vielleicht auf weitere oder neue Ideen. Außerdem werden sich mögliche Missverständnisse aufklären. Änderungen an den Anforderungen werden daher fest eingeplant.

Die Summe der gesammelten Anwendungsfälle bildet den Startpunkt für die Produktentwicklung.

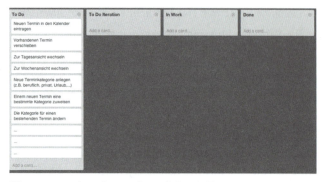

Die gesammelten Anwendungsfälle als To-do

Produktentwicklung: die erste Runde

Nun kann Frau Müller die Produktentwicklung starten. Dazu bespricht sie gemeinsam mit ihrem Team, welche Anwendungsfälle im ersten Schritt (Iteration), also in den ersten zwei Wochen, umgesetzt werden sollen. Folgende Entscheidungskriterien spielen dabei eine Rolle:

Wie agiles Projektmanagement funktioniert

- Was ist dem Kunden besonders wichtig?
- Welche Abhängigkeiten gibt es? Was gehört zusammen?
- Was sollte z.B. aus technischen Gründen zuerst gemacht werden?
- Was kann in zwei Wochen geschafft werden?

Task Board mit Iterationsplanung

Jetzt hat Frau Müller eine To-do-Liste für die nächsten zwei Wochen, die sog. erste Iteration. Diese Liste hängt sie an einer Pinnwand für alle im Projektbüro sichtbar auf (Task Board).

> In diesem kleinen Beispielsfall sind die Anwendungsfälle gleichzeitig Arbeitspakete. In der Praxis werden die Anwendungsfälle erst noch auf konkrete Arbeitspakete handlicher Größe (1 bis 5 Tage) herunter gebrochen. Für diese wird dann der Begriff „Tasks" verwendet.

Nun startet die Entwicklung. Jeden Tag trifft Maria Müller sich kurz mit dem Team am Task Board (Daily Standup-Meeting). Dort bespricht sie, wer gerade welche Aufgaben hat, und stellt sicher, dass alle gut voran kommen. Wenn jemand ein Problem nicht lösen kann, klärt sie, wer ihn unterstützt. Wenn ein Entwickler eine Aufgabe vom Task Board übernimmt, so hängt er die entsprechende Karte von *ToDo Itera-*

tion nach *In Work* und ist fortan für diese Karte verantwortlich. Insbesondere dafür, dass die Karte rechtzeitig nach *Done* kommt. Mit der Zeit wandern die Karten so über das Task Board.

Task Board während der Iteration

Zwischendurch kommt ein Entwickler zu Frau Müller, weil er nicht weiß, wie genau der Dialog bei „Termin anlegen" aussehen soll. Soll bei Eingabe des konkreten Datums ein Textfeld erscheinen oder eine kleine Kalenderansicht zur Auswahl eines Datums? Frau Müller klärt die Frage kurzfristig mit dem Kunden, so dass der Entwickler keine Zeit verliert. Wann immer ein Entwickler eine konkrete Frage zu Details eines Anwendungsfalles hat, so sorgt die Chefin dafür, dass er schnell eine Antwort bekommt. Viele Fragen kann sie vielleicht auch direkt beantworten, ohne Rücksprache mit dem Kunden.

Feedback zum Teilprodukt einholen

Nach zwei Wochen ist eine erste Version des Produktes fertig und vorführbereit (Inkrement). Dieses Teilprodukt, das sog. Inkrement, zeigt Frau Müller dem Kunden. Er kann es nun selber ausprobieren. Er fügt neue Termine ein, verschiebt vorhandene etc. Dabei fällt ihm auf, dass er Termine gar nicht löschen kann. Diese Anforderung, die am Anfang des Projektes vergessen wurde, ist dem Kunden sehr wichtig. Daher nimmt Frau Müller jetzt also „Einen vorhandenen Termin löschen" als neuen Anwendungsfall auf. Was sie allerdings nicht tut, ist, ihn nun einfach dem Task Board hinzuzufügen!

> Holen Sie sich immer wieder Feedback vom Kunden. Dadurch können Sie seinen Vorstellungen zum Produkt näher kommen. Ebenso wichtig ist es, dass Sie neue bzw. von Ihnen neu verstandene Veränderungen am Produkt strukturiert einplanen.

Wohl jeder, der sich mit dem klassischen Projektmanagement befasst, kennt das Zieldreieck, nach dem Umfang, Dauer und Kosten voneinander abhängen (siehe dazu mehr im Kapitel „Klassische Projekte versus agile Projekte"). Dieser Grundsatz gilt natürlich genauso auch für das agile Projektmanagement. Wenn Sie nun einfach eine neue Anforderung zum Umfang hinzunehmen, werden sich Projektkosten und -dauer unkontrolliert verändern.

Die Planung anpassen

Gemeinsam mit ihrem Team schätzt Frau Müller nun den Aufwand für den neuen Anwendungsfall ab. Es gibt grundsätzlich drei Möglichkeiten, wie dann weiter verfahren werden kann:

- Der neue Anwendungsfall wird der Planung hinzugefügt. Gleichzeitig wird ein anderer Anwendungsfall mit gleichem Umfang, der dem Kunden aber weniger wichtig ist, aus der Planung gestrichen.

- Der neue Anwendungsfall wird der Planung hinzugefügt, und es wird vereinbart, dass das Projekt entsprechend länger läuft.

- Der neue Anwendungsfall wird der Planung hinzugefügt und es wird vereinbart, dass der Kunde das Budget erhöht. Frau Müller kann dann vorübergehend einen weiteren Entwickler beschäftigen und das Projekt zum vereinbarten Termin abschließen.

Dem Kunden werden diese Optionen vorgestellt und er kann mitentscheiden, wie die Planung angepasst werden soll. Da die Anforderungen aus seiner Sicht beschrieben sind, kann er auch die Konsequenzen von Streichungen und Verschiebungen einzelner Anforderungen besser abschätzen. In der Praxis verschieben sich dadurch häufig Anwendungsfälle, die dem Kunden nicht so wichtig sind, nach hinten und in spätere Iterationen. Tendenziell bekommt der Kunde so in frühen Entwicklungsrunden die Produktmerkmale, die ihm besonders wichtig sind (Business Value).

Produktentwicklung: weitere Runden

Mit der angepassten Planung geht es nun weiter. Wie vor der ersten Runde legt Maria Müller nun fest, was in den kommenden zwei Wochen entwickelt werden soll. So startet die zweite Entwicklungsrunde. Während der Entwicklung stellen sie und ihr Team fest, dass sie nicht alle Anforderungen schaffen werden, die für diese Iteration geplant sind. Frau Müller kommuniziert ihr Problem rechtzeitig zum Kunden. Vielleicht bespricht sie dabei mit ihm, welche Anforderungen auch später realisiert werden könnten. Dann reduziert sie den Umfang so, dass sie die Iteration rechtzeitig abschließen können. (Welche Auswirkungen das auf vertragliche Aspekte hat, können Sie im nächsten Kapitel „Klassische Projekte versus agile Projekte" im Abschnitt „Vertragliches" nachlesen.)

Den Umfang zu reduzieren und damit termintreu zu bleiben, ist ein wichtiger Unterschied zu der typischen Vorgehensweise im klassischen Projektmanagement. Wenn es eng wird, werden dort Meilensteine verschoben. Im agilen Projektmanagement werden dagegen die Iterationsenden eingehalten, und es wird der Umfang reduziert. Das ist wichtig, um das Vertrauen der Stakeholder zu erhalten und immer wieder zeitnah Feedback zu bekommen.

Durch die hier beschriebene iterative Vorgehensweise gleicht Frau Müller das Ergebnis der Produktentwicklung immer wieder mit den Vorstellungen des Kunden ab. Runde für Runde (Iteration für Iteration) nähert sie sich dem Produkt an, das der Kunde wirklich brauchen kann. Die folgende Abbildung zeigt diese Idee des schrittweisen Nachsteuerns.

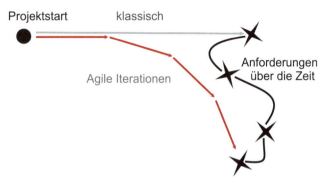

Agiles Nachsteuern mit Ziel auf Anforderungen

Ein wesentlicher Ausgangspunkt für das agile Projektmanagement ist die Erkenntnis, dass Projektanforderungen ein bewegliches Ziel darstellen. In diesem Sinne peilt der Projektleiter in jeder Iteration das Ziel erneut an und steuert damit die Richtung der Entwicklung nach. Natürlich macht dieses Vorgehen nur dann Sinn, wenn man sich dem Ziel auch immer weiter annähert (konvergiert) und nicht willkürlich hin und her springt. Die agilen Prinzipien (siehe hierzu auch das gleichnamige Kapitel) dienen dazu, diese Konvergenz der Produktentwicklung zu unterstützen.

Klassische Projekte versus agile Projekte

Vergleicht man klassische Projekte mit agilen, stellt man viele Unterschiede in der Herangehensweise fest. Es gibt jedoch auch eine gemeinsame Basis der beiden Formen des Projektmanagements.

Die gemeinsame Basis

Der grundlegende Projektmanagement-Prozess wird von Experten immer gleich dargestellt. Er besteht aus mehreren Phasen. In seiner einfachsten Form sind dies die Phasen „Initiierung", „Definition", „Planung" und „Ausarbeitung" (siehe hierzu auch die folgende Grafik). Um diesen Prozess strukturiert zu gestalten, bedarf es nun der verschiedenen Techniken des Projektmanagements. Dabei kann man streng klassisch vorgehen, indem man ausschließlich Techniken aus dem klassischen Bereich verwendet (in der Grafik grau), oder streng agil, indem man ausschließlich Techniken aus dem agilen Bereich verwendet (in der Grafik rot). In der Praxis ist meist eine Mischung aus beidem sinnvoll.

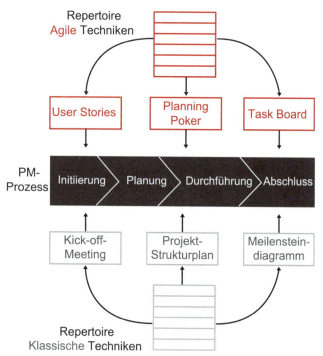

Projektmanagement-Prozess: klassisch und agil

An dieser Stelle wird bereits deutlich, dass sich die Grenze zwischen klassisch und agil so streng gar nicht ziehen lässt. Zum einen bilden viele agile Techniken Best Practices des Projektmanagements. Sie werden in manchen klassischen Projekten bereits in der einen oder anderen Form seit langem eingesetzt. Zum anderen gibt es für manche Aufgabenstellungen nur klassische und keine agilen Techniken (z.B. Kick-off-Meeting oder Risikoanalyse). Dort schafft der allgemeine Prozess zusammen mit klassischen Techniken quasi einen Rahmen für die agilen Techniken.

Dennoch kann man Projekte soweit mit agilen statt klassischen Techniken durchführen, dass insgesamt eine ganz neue Form des Projektmanagements entsteht, eben das agile Projektmanagement.

Das Zieldreieck

Eine wichtige Zielsetzung des agilen Projektmanagements ist es, dass die Stakeholder Einfluss auf die Anforderungen über den gesamten Projektverlauf nehmen können. Daraus ergibt sich ein wesentlicher Unterschied zwischen klassischem und agilem Projektmanagement. Im klassischen Projektmanagement wirkt das Prinzip des Zieldreiecks, nach dem die drei Ziele „Umfang" (es gibt auch eine Variante mit „Qualität"), „Kosten" und „Zeit" voneinander abhängen. Wird eines der drei Ziele geändert, sind die anderen automatisch mit betroffen. Wird z.B. der Umfang eines Projektes erweitert, steigen als direkte Folge davon die Kosten oder es werden Termine nach hinten geschoben. Das Verschieben von Meilensteinen ist im klassischen Vorgehen so gängig, dass es dort zur Nachverfolgung der verschobenen Termine eigens ein Instrument gibt, nämlich die sog. Meilensteintrendanalyse. Für das klassische Projektmanagement kann daher die Komponente „Zeit" im Zieldreieck salopp als „erste Stellschraube" bezeichnet werden.

Im agilen Projektmanagement gilt dieses Dreieck natürlich genauso. Allerdings ist dort wegen der Möglichkeit des agilen

Nachsteuerns eher die Komponente „Umfang" inhaltlichen Anpassungen unterworfen, während an der Zeit meist nichts verändert wird. Termintreue wird hier nämlich als besonders hohes Gut angesehen. Statt einen mit dem Kunden vereinbarten Termin zur Präsentation von Zwischenergebnissen zu verschieben, wird man im agilen Projektmanagement lieber den Umfang des präsentierten Ergebnisses reduzieren. Somit ist hier die Komponente „Umfang" im Zieldreieck die „erste Stellschraube". Die folgende Grafik stellt diesen Zusammenhang dar.

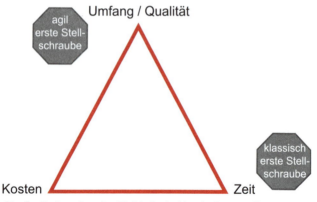

Die Stellschrauben im Zieldreieck: klassisch vs. agil

Der Umfang steigt durch das agile Nachsteuern nicht einfach an, sondern verändert sich in Richtung der tatsächlichen Kundenwünsche. Dadurch wird unnötige Entwicklungsarbeit vermindert, was ein wesentlicher Vorteil des agilen Projektmanagements ist.

Die Rahmenbedingungen

Ob zu einem Projekt klassisches oder agiles Management besser passt, kann anhand zweier wesentlicher Kriterien entschieden werden. Hier ist das Projekt an sich und zum anderen das Projektumfeld zu betrachten.

Das Projekt

Beginnen wir mit dem Projekt selbst. Im Folgenden finden sich einige Rahmenbedingungen dazu, die man als optimal für agiles Projektmanagement bezeichnen könnte.

Optimale Rahmenbedingungen: Projekt

- relativ kleine Projektteams
- Projektteam an einem Standort
- wenig einzelne Spezialisten (also eher Generalisten)
- Lieferprodukt des Projektes ist in Teilprodukte zerlegbar
- Gesamtaufwand ist in relativ kleine Aufgaben zerlegbar

Vermutlich werden Sie nun feststellen, dass Ihr Projekt diese Bedingungen nicht alle erfüllt. Dann sind Sie in guter Gesellschaft. Ein Großteil der Projekte, mit denen ich bisher zu tun hatte, erfüllte sie nicht. Erfahrungsgemäß können jedoch auch diese vom agilen Projektmanagement profitieren. Wichtig ist, dass man versteht, an welcher Stelle das eigene Projekt von den Optimal-Bedingungen abweicht, um dann bewusst mit den daraus resultierenden Besonderheiten umzugehen.

Beispiel:

Ideal ist es für das agile Projektmanagement, wenn das Projektteam an einem Standort ist (siehe die Tabelle oben). Dies ergibt sich u.a. aus der agilen Technik der kurzen, täglichen Besprechungen im Stehen. Wenn man nun ein Team hat, das an mehreren Standorten tätig ist, darf man diese Besprechungen nicht einfach ausfallen lassen. Stattdessen könnten die Besprechungen per Videokonferenz stattfinden oder der Projektleiter trägt die Informationen aus den Besprechungen gezielt zu Teammitgliedern an anderen Standorten weiter und integriert deren Informationen wiederum in die Besprechung.

Projektumfeld

Weitere wichtige Kriterien bei der Entscheidung, ob sich agiles Projektmanagement für Ihr Projekt eignet, sind die organisatorischen Rahmenbedingungen des Projektumfeldes.

Optimale Rahmenbedingungen: Projektumfeld

- Stakeholder (insbesondere Kunden) sind an engerer Zusammenarbeit interessiert
- Projektanforderungen müssen noch nicht exakt definiert, sondern dürfen zu Beginn nur grob beschrieben sein
- Projektteam darf selbstorganisiert arbeiten
- Projektteam arbeitet nur für dieses Projekt

Auch hier gilt wieder: Abweichungen von diesen optimalen Bedingungen haben nicht zur Folge, dass Ihr Projekt sich nicht für agiles Projektmanagement eignet. Sie sollten jedoch versuchen, sie durch geeignete Maßnahmen zu kompensieren.

Beispiel:

Vor allem im öffentlichen Dienst sind per Verordnung oder Gesetz oft konkrete Vorgehensweisen bzw. Standardprozesse vorgeschrieben, die den Einsatz von agilem Projektmanagement erschweren. Das geht hin bis zu Revisionen, bei denen die Umsetzung der ursprünglichen Anforderungen geprüft wird. Dabei können dann zwar sinnvolle, aber eben ursprünglich nicht geplante Änderungen an den Anforderungen sogar als Mangel eingestuft werden. Solche Änderungen sind aber gerade unverzichtbare Elemente des agilen Vorgehens.

In solchen Fällen sollte von vornherein auf organisatorischer Ebene geklärt werden, dass das Projekt vom Standardprozess abweichen darf. Ohne eine solche Vereinbarung kommt ein agiles Projektmanagement nicht in Frage. Bisweilen werden in einem solchen Umfeld agile Projekte dann als Pilotprojekte eingestuft. Sie dürfen damit vom üblichen Prozess abweichen.

Vertragliches

Ein Punkt, der bisher noch nicht genannt wurde, ist die Vertragsgestaltung bei agilen Projekten. Hier tut sich ein Spannungsfeld auf. Die meisten Kunden möchten wissen, was genau sie wann genau für ihr Geld bekommen. Allerdings liegt die Stärke des agilen Projektmanagements darin, den Lieferumfang am Anfang eben nicht exakt festzulegen und stattdessen agil nachzusteuern. Letztlich lässt sich dieser Widerspruch nur auflösen, wenn die Kunden verstehen, welche Vorteile die agile Vorgehensweise für sie bringt, und wenn sie dafür bereit sind, einen Teil ihrer scheinbaren Planungssicherheit herzugeben. „Scheinbar" bezieht sich hier auf die

Tatsache, dass ja auch bei klassischen Festpreisprojekten nur sehr selten das Zieldreieckgefüge ausgewogen bleibt. Meist wird der Zeitrahmen überschritten und/oder Umfang oder Qualität stimmen nicht.

Die Vertragsgestaltung ist bei agilen Projekten grundsätzlich schwierig. Ein Patentrezept gibt es hier nicht. Manche Firmen bauen auf ein Vertrauensverhältnis zum Kunden als Basis für die agile Zusammenarbeit. Andere Unternehmen versuchen, passende Vertragsmodelle zu entwickeln.

Beispiel:

 In einem Vertrag wird vereinbart, dass zu hohe Schätzungen dem Kunden zugutekommen (der Kunde bekommt dann mehr Leistung fürs gleiche Geld) und dass zu geringe Schätzungen gemeinsam geschultert werden (der Kunde zahlt dann einen geringeren Stundensatz für den Mehraufwand).

Zu solchen Vertragsmodellen können Sie in den gängigen Internet-Suchmaschinen unter dem Schlagwort „agiler Festpreis" recherchieren.

Die Unterschiede im Überblick

Fassen wir die wesentlichen Unterschiede zwischen agilen und klassischen Projekten noch einmal zusammen. Bedenken Sie: Nicht jedes klassische oder agile Projekt muss unbedingt alle der hier genannten Eigenschaften erfüllen.

Klassische vs. agile Projekte: die Unterschiede im Überblick

Klassisch	Agil
Anforderungen zu Beginn bekannt	Anforderungen zu Beginn unscharf
Änderungen von Anforderungen während Projektverlauf schwierig	Änderungen an Anforderungen während Projektverlauf eingeplant
Hohe Kosten für späte Anforderungsänderungen	Mäßige Kosten für späte Anforderungsänderungen
Anforderungsbeschreibung aus technischer Sicht (Features)	Anforderungsbeschreibung aus Kundensicht (Anwendungsfälle)
Sequenzieller Entwicklungsprozess	Iterativer Entwicklungsprozess
Starrer Projektmanagementprozess	Fortlaufende Prozessverbesserungen
Kunde sieht nur Endergebnis	Kunde bewertet Zwischenergebnisse
Wenn es eng wird, eher Meilensteine schieben	Wenn es eng wird, eher Aufwand verringern

Klassische vs. agile Projekte: die Unterschiede im Überblick

Klassisch	Agil
Große Teams möglich	Relativ kleine Teams nötig
Klare Hierarchie	Selbstorganisierte Teams
Viele Spezialisten im Team	Viel gemeinsame Verantwortung
Team sitzt verteilt und ist in mehreren Projekten tätig	Team sitzt zusammen und hat Fokus auf ein Projekt
Aufgaben von oben zuteilen	Aufgaben selbstständig übernehmen
Viel Kommunikation über Dokumente und lange Meetings	Viel informelle Kommunikation und Standup-Meetings
Aufwandsschätzung durch Projektleiter oder Experten	Aufwandsschätzung gemeinsam im Team

Auf einen Blick: Die neue Form des Projektmanagements

- Agiles Projektmanagement hat seinen Ursprung in der Softwareentwicklung. Im sog. Agilen Manifest legten erfahrene EDV-Experten den Grundstein für diese neue Art des Projektmanagements.

- Es ist ein Gesamtkonzept, das auf agilen Werten und Prinzipien aufbaut und agile Methoden und Techniken zur Projektabwicklung anbietet.

- Agiles Projektmanagement bietet sich für solche Projekte an, in denen eine kundenorientierte Lösung entwickelt werden soll, deren Anforderungen noch nicht von vornherein feststehen.

- In agilen Projekten nimmt das Team einen anderen Blickwinkel ein als bei klassischen Projekten: nicht der Vertrag und die Dokumentation stehen im Mittelpunkt, sondern der intensive Austausch mit den Stakeholdern, um gemeinsam während des Projektverlaufs ein funktionierendes Produkt zu entwickeln.

Die agilen Prinzipien

Jedes Projekt ist unterschiedlich. Die Prinzipien, die jedem agilen Projekt zugrundeliegen, sind dagegen immer gleich. Nur wenn sie eingehalten werden, funktioniert die agile Vorgehensweise.

In diesem Kapitel erfahren Sie,

- was hinter den wichtigsten agilen Prinzipien steckt,
- welche Rolle Inkremente und Iterationen dabei spielen,
- was Reviews und Retrospektiven sind und bewirken.

Die 12 Gebote

Die Verfasser des Agilen Manifests leiteten aus den von ihnen formulierten agilen Werten 12 konkrete Handlungsgrundsätze ab. Sie sind unter dem Begriff der „agilen Prinzipien" bekannt geworden. Einige davon sind sehr auf die Eigenheiten der Softwareentwicklung zugeschnitten. Hier werden daher nur diejenigen vorgestellt, die dabei helfen, das agile Projektmanagement besser zu verstehen, und diejenigen, die auf Projekte außerhalb der Softwareentwicklung übertragen werden können.

Wichtige agile Prinzipien im Überblick	
Iterationen	Produkte werden schrittweise entwickelt. Nach jedem Schritt wird Rückmeldung vom Kunden eingeholt.
Inkremente	Nach einer Iteration bekommt der Kunde ein funktionierendes Teilprodukt zu sehen.
Einfachheit	Es werden nur die Arbeiten erledigt, die wirklich nötig sind.
Veränderung begrüßen	Veränderungen an den Anforderungen werden als normal betrachtet und möglichst als Chancen genutzt.
Reviews	Der Kunde wird regelmäßig einbezogen und bekommt Teilprodukte zu sehen. Dazu kann er Feedback geben.

Wichtige agile Prinzipien im Überblick	
Retrospektiven	Der Prozess und die Zusammenarbeit im Projekt werden regelmäßig beleuchtet und verbessert.
Selbstorgani- sierte Teams	Teams organisieren sich selbst. Sie arbeiten dadurch effektiv und übernehmen hohe Verantwortung für das Produkt.
Kooperation von Fachexperten und Entwicklern	Missverständnisse und Reibungsverluste in der Kommunikation werden durch direkte Zusammenarbeit vermindert.

Einige der Prinzipien, wie z.B. die Retrospektiven, sind recht einfach auf jedes Projekt übertragbar. Andere, wie z.B. Inkremente, dagegen nicht. Hier ist dann auch eine gewisse Erfahrung im agilen Projektmanagement nötig, um sie schlüssig in ein konkretes Projekt zu integrieren.

Mehr Flexibilität im Projekt

Die Prinzipien Iteration und Inkrement lassen sich einfacher verstehen, wenn man auf die Probleme schaut, die sich ohne sie ergeben: Im klassischen Projektmanagement wird ein Projekt in Phasen unterteilt, die dann nacheinander durchlaufen werden. Für die Softwareentwicklung haben sich z.B. die Phasen als typisch herauskristallisiert, wie sie in der Grafik dargestellt sind.

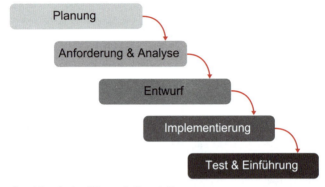

Das klassische Wasserfallmodell

Da die Phasen hier wie bei einem Wasserfall von oben nach unten durchlaufen werden, spricht man bei dieser Vorgehensweise auch vom Wasserfallmodell. Der wesentliche Nachteil dieses Verfahrens ist, dass die Stakeholder (insbesondere der Kunde) erst am Ende aller Phasen das Produkt zu sehen bekommen. War die Produktbeschreibung am Anfang nicht exakt oder wurde sie nicht genau verstanden, so erhält er letztendlich nicht das, was er braucht. In der Praxis wird dann oft eine Wartungsphase nachgeschaltet, in der das Produkt dem Kundenwunsch angepasst wird, und die nicht selten einen vergleichbaren Aufwand erfordert wie alle vorherigen Phasen in Summe.

Iteration: Produktentwicklung in Zyklen

Das iterative Vorgehen ist der Gegensatz zum Wasserfallmodell. Im Agilen Manifest steht: „Liefere funktionierende Software regelmäßig innerhalb weniger Wochen oder Monate und bevorzuge dabei die kürzere Zeitspanne" (Originaltext: „Deliver working software frequently, from a couple of weeks to a couple of months, with a preference to the shorter timescale"). Wird dieser Grundsatz befolgt, bekommt der Kunde frühzeitig und regelmäßig Teilprodukte zu sehen, die er mit seinen Erwartungen abgleichen kann. Daraus ergibt sich als eines der wichtigsten agilen Prinzipien das iterative Vorgehen bei der Produktentwicklung. Während bei der klassischen Entwicklung das Produkt „in einem Wurf" entsteht, sieht das agile Projektmanagement von vornherein eine Entwicklung in mehreren Schritten bzw. Zyklen vor.

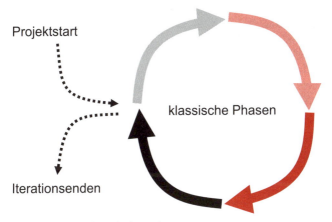

Produktentwicklung in Iterationen

Gleichzeitig wird dabei aber auch ein sauberes Projektmanagement verfolgt. Daher werden in jedem Zyklus die wesentlichen Projektphasen durchlaufen, die auch das klassische

Projektmanagement vorgibt. Es werden also auch hier z.B. Anforderungen erfasst, ein Entwurf gemacht, ein (Teil-)Produkt entwickelt und getestet. Nach Abschluss jeder Iteration kann Bilanz gezogen werden, ob die Produktentwicklung noch in die richtige Richtung läuft oder ob nachgesteuert werden sollte. So wird mit jeder Iteration das Gesamtprodukt vorangebracht, ohne dass bereits am Anfang des Projektes die Anforderungen an dieses Gesamtprodukt uneingeschränkt bekannt sein müssen.

> Die wesentliche Stärke der iterativen Vorgehensweise besteht darin, dass Sie am Anfang der Produktentwicklung noch nicht genau festlegen müssen (und noch nicht einmal genau verstanden haben müssen), wie das Produkt am Ende aussehen wird. Andere agile Prinzipien und Techniken helfen, dass der Prozess dabei nicht zum Blindflug wird.

In den meisten Projekten wird bereits in der einen oder anderen Form iterativ vorgegangen. Das Grundprinzip ist also nicht sonderlich neu. Im agilen Projektmanagement wird es mit Inkrementen und Anwendungsfällen kombiniert und ist dadurch etwas komplexer. Gleichzeitig wird damit sichergestellt, dass systematisch das bestmögliche Produkt entwickelt wird.

Inkrement

Das agile Manifest gibt als wichtigstes Prinzip vor: „Unsere höchste Priorität ist es, den Kunden durch frühe und kontinuierliche Auslieferung wertvoller Software zufrieden zu stellen" (Originaltext: „Our highest priority is to satisfy the customer through early and continuous delivery of valuable software"). In diesem Prinzip steckt natürlich auch wieder der Gedanke der iterativen Entwicklung, der im Kapitel zuvor bereits ausgeführt wurde. Dahinter steht aber auch, dass der Kunde ein Zwischenprodukt bekommt, das für ihn einen klaren Wert („valuable") hat. Dies führt zu dem Begriff der Inkremente.

Das Prinzip der Inkremente hängt eng mit dem Prinzip der Iterationen zusammen. Als Inkrement wird das Teilprodukt bezeichnet, das während einer Iteration entsteht. Dabei ist für Inkremente aber noch eine andere Eigenschaft wesentlich, nämlich dass sie aufeinander aufbauen und einander beinhalten.

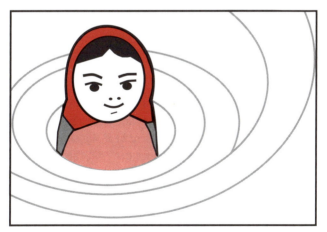

Inkremente schließen einander ein

Das bedeutet: Produkteigenschaften bzw. Anforderungen, die in einer Iteration umgesetzt wurden, sind nicht nur in diesem, sondern auch in allen späteren Inkrementen enthalten.

Beispiel:

> Das erste Inkrement einer Software zur Haussteuerung ermöglicht das Ablesen aller Raumtemperaturen und die Signale aller Bewegungsmelder mit einem Smartphone. Diese Funktionen werden auch in allen weiteren Inkrementen vorhanden sein.

Der Kunde kann sich also darauf verlassen, dass die Software ständig wächst und nichts von dem verlorengeht, was er an Funktionen schon bekommen hat. Bei jeder Iteration fängt man also da an, wo das letzte Inkrement steht. Eine Ausnahme hierzu bilden natürlich Produktfehler, die erkannt und dann beseitigt werden.

> Ein Inkrement ist mehr als nur ein Teilprodukt. Es schließt zusätzlich alle vorherigen Inkremente ein und ist für sich genommen von Nutzen für den Kunden.

Eine weitere wichtige Eigenschaft eines Inkrements besteht darin, dass es ein in sich schlüssiges und testbares Teilprodukt ist. Das ist wichtig, da das Inkrement beim agilen Projektmanagement auch dazu genutzt werden soll, beim Kunden Feedback einzuholen und Vertrauen aufzubauen.

Keine Inkremente: Prototypen

Eine Frage, die in meinen Seminaren häufig aufkommt, ist diejenige nach der Abgrenzung von Inkrementen zu Prototypen. Diese Diskussion ist recht schwierig, da unter dem Begriff

Prototyp in verschiedenen Branchen ganz unterschiedliche Dinge verstanden werden. Um hier etwas genauer auf den Unterschied zwischen einem Prototypen und einem Inkrement einzugehen, folgendes Beispiel, das auch später in diesem TaschenGuide noch einmal eine Rolle spielen wird.

Beispiel:

> Ein Unternehmen bietet Dienstleistungen im sozialen Bereich an und möchte eine neue Beratungsleistung „Elternzeit" als Produkt auf den Markt bringen. Sinnvolle Anwendungsfälle aus Sicht des Kunden sind dann z.B. „Erstkontakt mit der Beratung aufnehmen" oder „Über rechtliche Aspekte informieren".

Um das Inkrement, also das Produkt zu den Anwendungsfällen aus dem Beispiel, in einer Iteration zu realisieren, müssen verschiedene Prozesse aufgesetzt werden und ineinandergreifen. In der folgenden Grafik ist dies schematisch dargestellt.

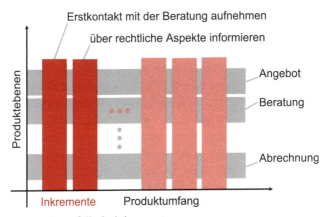

Anwendungsfälle in Inkrementen

Dabei wird der wesentliche Unterschied zwischen einem Inkrement und einem klassischen Prototyp deutlich. Bei der Umsetzung des Anwendungsfalles „Über rechtliche Aspekte informieren" werden bei einem Inkrement auf verschiedenen Ebenen des Produktes Realisierungen vorgenommen. Hier bedeutet dies, dass für den entsprechenden Teilbereich z. B. Berater geschult und Abrechnungsverfahren erstellt werden, die dann als funktionierendes Teilprodukt zusammenarbeiten. Unter einem klassischen Prototyp hingegen wird oft ein Teilprodukt verstanden, für das nur Produktrealisierungen auf einzelnen Ebenen vorgenommen werden. Die anderen Ebenen werden im Prototyp überbrückt. Bei unserem Beispiel könnte das ein vorläufiges Abrechnungsverfahren der Beratung mittels Zettelwirtschaft sein, das dann später durch das richtige Abrechnungsverfahren ersetzt werden soll.

Warum Iterationen am Anfang oft teurer sind als gegen Ende

Es gibt eine typische Problematik des inkrementellen Vorgehens, die anhand des Beispiels gut sichtbar wird: Während die Beraterausbildung für einen Teilbereich gut vorstellbar ist, dürfte die Abrechnung für einen Teilbereich einiges an grundsätzlichem Aufwand bedeuten. Hier muss also in den frühen Inkrementen eine gewisse „Infrastruktur" geschaffen werden. Dadurch können diese Iterationen teurer werden und länger dauern als die nachfolgenden. Im Verhältnis zum Aufwand, den die Iteration kostet, wird weniger für den Kunden sichtbarer Produktnutzen erzeugt.

Ganz besonders tritt diese Problematik in Projekten aus dem Bereich des Maschinenbaus zutage. Um das Produkt herstellen zu können, müssen zunächst Werkzeuge für die Herstellung geschaffen werden. Im Verhältnis zum Gesamtprodukt ist das relativ teuer und dauert relativ lange. Bei solchen Projekten ist das Prinzip der Inkremente nur eingeschränkt umsetzbar. In Bezug auf das physische Produkt kann dann besser mit sog. Funktionsprototypen gearbeitet werden. Bei Nebenprodukten dazu, wie z. B. der Dokumentation, kann aber durchaus inkrementell vorgegangen werden.

Das Zusammenspiel von Iterationen und Inkrementen

Festzulegen, was genau bei Projekten außerhalb der Softwareentwicklung ein sinnvolles Inkrement werden soll, ist nicht so einfach, wie es auf den ersten Blick vielleicht scheint. Daher wird im folgenden Abschnitt näher aufgezeigt, wie eine iterative Vorgehensweise bei diesen Projekten aussehen kann.

Die iterative Vorgehensweise ist ein grundlegender Gedanke des agilen Projektmanagements. Einerseits zeigt sich, dass in den meisten Projekten bereits in irgendeiner Form iterativ vorgegangen wird. Andererseits entfaltet sie erst im Zusammenspiel mit Inkrementen und Anwendungsfällen ihr volles Potenzial. Dieses Potenzial wird wiederum nur in wenigen Projekten ausgeschöpft.

Bleiben wir zunächst bei dem rein iterativen Vorgehen. Die meisten Projekte arbeiten mit Meilensteinen oder vergleichbaren Abschnitten, in denen Teile des Lieferproduktes fertiggestellt werden. In diesem Sinne wird bei der Produkterstellung also bereits schrittweise bzw. iterativ vorgegangen.

Um bei solchen Projekten das gesamte Potenzial der iterativen Vorgehensweise zu nutzen, können Anwendungsfälle und Inkremente hinzugenommen werden. Dies hat folgende Vorteile:

- Der Kunde (und gleiches gilt auch für andere Stakeholder) kann durch die Anwendungsfälle auf Augenhöhe in die Planung der Iterationen einbezogen werden.

- Die Ergebnisse jeder Iteration können dem Kunden in Form eines Inkrementes präsentiert werden. Dies führt zu wertvollem Feedback, das in die nächste Iteration einfließt. Häufig kann der Kunde das Inkrement sogar schon praktisch einsetzen und seine eigenen Prozesse damit weiter vorantreiben.

- Es kommt vor, dass Kunden bzw. andere Stakeholder aufgrund der Präsentation eines Inkrementes auf neue Ideen für Anforderungen kommen. Die Auswirkung dieser Änderungen auf die Projektplanung lässt sich ihnen dann auf Basis der Anwendungsfälle verständlich darlegen. Auf Ebene der Anwendungsfälle können Kunden bzw. Stakeholder auch in die Priorisierung für kommende Iterationen einbezogen werden.

Der wesentliche Knackpunkt dabei ist, welche Teile des Liefergegenstandes bzw. Produktes sinnvolle Inkremente bilden können. In meinen Seminaren erarbeite ich dies gemeinsam mit den Teilnehmern für ihre eigenen Projekte. In der folgenden Tabelle sind Beispiele für sinnvolle Inkremente aus solchen Projekten aufgelistet.

Bereich : Projektziel	Beispiele für Inkremente
Lead Management Prozess/ Verlag: Management der Kontakte zu potenziellen Kunden	• Einzelne (Marketing-)Zielgruppen ansprechen • Prozessschritt „Leadübergabe an Außendienst"
Einführung von Scrum/Bank: Einführung von Scrum an einem IT-Offshore-Standort	• Scrum-Schulungen terminieren • Version des Projekthandbuchs
Digitales Publizieren/ Fachverlag: Entwicklung eines Workflows und strategische Entscheidung	• Workflow Teilschritt • Heftstruktur planen und abstimmen
Career Mobility/ Personalwesen: Neuer Prozess zur internen Personalentwicklung	• Video aus Videoreihe erstellen und abstimmen • Erstversion Karrierenavigator
Tracking und Tracing/ Logistik: System zur automatisierten Produktverfolgung	System mit eingeschränkten Daten und Auswertungen

Bereich : Projektziel	Beispiele für Inkremente
Praxisnetzwerke/ Krankenkasse: Aufbau eines Netzwerks geeigneter Praxen	• Vergabeunterlagen • Angebotsbewertungen
Fahrerassistenz/ Automobilzulieferer: System zur automatischen Verkehrsschilderkennung	• Gehäuseverschluss • Version der Montageanleitung
Ersatzteillisten/ Baumaschinenhersteller: Prozess zur Verwaltung der Ersatzteillisten verschiedener Krantypen	• Liste für Modul • Prozessschritt „Verfügbarkeit prüfen"
Marketing-Konzept/ Pharmakonzern: Marketing-Kampagne für Produkt steuern	Prototyp Produktaufsteller mit Referenzapotheken abstimmen

Betrachten wir einmal das Projekt „Career Mobility" näher, um zu sehen, wie Iteration, Anwendungsfall und Inkrement zusammenspielen.

Als Teil eines Inkrements ist hier „Video aus Videoreihe erstellen und abstimmen" genannt. Dabei könnte es um ein Video gehen, in dem der Nutzen von Career Mobility für Mitarbeiter erklärt wird. Dann wäre dieses Video die Umsetzung eines Anwendungsfalles „Mitarbeiter informiert sich über den Nutzen von Career Mobility". Am Ende der entsprechenden Iteration kann das Video einigen Referenzmitarbeiten vorgeführt werden, so dass diese ihr Feedback zu dessen Inhalt, Gestaltung, Format usw. geben können. Mithilfe dieses Feedbacks werden sich vermutlich Aspekte klären, die eingangs übersehen wurden. So könnte sich herausstellen, dass nicht alle Mitarbeiter auf ihrem Arbeits-PC den richtigen Player zur Verfügung haben, der für das Abspielen des Videos vorgesehen ist. Außerdem ist es gut möglich, dass die Mitarbeiter durch das Video auf weitere Anforderungen kommen, die ihnen für das Career Mobility Portal wichtig sind. Ihr gesammeltes Feedback fließt in die nächste Iteration ein.

Änderungswünschen positiv begegnen

Während des Projektverlaufs können sich Anforderungen von Kunden und anderen Stakeholdern ändern. Einerseits weil Stakeholder im Projektverlauf die Anforderungen immer besser verstehen, andererseits weil sich das Projektumfeld ändert. Es liegt also auf der Hand, dass der konstruktive Umgang mit Veränderung ein entscheidendes Prinzip im agilen Projektmanagement ist.

Veränderung begrüßen

In agilen Projekten sind Änderungswünsche des Kunden erlaubt und sogar erwünscht. Im agilen Manifest heißt es zu diesem Prinzip: „Heiße Anforderungsänderungen selbst spät in der Entwicklung willkommen. Agile Prozesse nutzen Veränderungen zum Wettbewerbsvorteil des Kunden" (Originaltext: „Welcome changing requirements, even late in development. Agile processes harness change for the customer's competitive advantage").

Die Grundidee, die hinter diesem Prinzip steht, ist es, die unausweichlichen Veränderungen soweit wie möglich zum allseitigen Vorteil zu nutzen. Ihr Kunde profitiert davon, wenn Sie während des Projekts auf veränderte Anforderungen eingehen.

Beispiel:

Sie entwickeln ein Produkt, dass Ihr Kunde auf einer Messe vorstellen möchte. Nun findet er heraus, dass sich dort ein Konkurrent von ihm mit einem ähnlichen Produkt präsentieren wird. Das Produkt des Konkurrenten hat eine bestimmte Eigenschaft, die Ihr Produkt nicht hat. Da Sie agil entwickeln, können Sie die neue Anforderung berücksichtigen, und ihr Kunde kann sich mit dem Produkt auf der Messe blicken lassen.

Ein weiterer, weniger offensichtlicher Vorteil dieses Prinzips zeigt sich vor allem in der Softwareentwicklung: Dort bietet die Einarbeitung der Änderungen dem Entwickler die Chance, Stellen des Programms nachzubessern, mit denen er vielleicht sowieso nicht ganz zufrieden war. Auch kommt es häufig vor, dass durch neue Abstraktionen im Code Probleme eleganter gelöst werden können, wodurch der Code übersichtlicher wird und neuerliche Änderungen dann sogar noch einfacher werden.

Beispiel:

In einem Projekt wird das interne Prozessmanagement zur Rechnungsbearbeitung optimiert. Im Laufe des Projektes kommt die Anforderung hinzu, dass alle Rechnungen in ein einheitliches Druckformat übertragen werden sollen. Es gibt bereits eine Plausibilitätsprüfung, die sicherstellt, dass verschiedene Rechnungselemente vorhanden sind, die jedoch noch etwas effizienter ablaufen müsste. Die neue Anforderung wird umgesetzt und die damit verknüpfte Plausibilitätsprüfung bei dieser Gelegenheit überarbeitet.

Während Anforderungsänderungen im klassischen Projektmanagement als Problem gesehen werden, da sie stets mit einer Änderung der Planung einhergehen, treten im agilen Projektmanagement die Chancen in den Vordergrund, die die Veränderung bringt. Das liegt vor allem daran, dass das agile Projektmanagement mit verzögerter Detailplanung und weniger Dokumentation arbeitet, und dadurch Änderungen auch weniger Aufwand nach sich ziehen.

In jeder Anforderungsänderung steckt die Chance auf ein besseres Verstehen der Kundenwünsche und damit potenziell höherer Kundenzufriedenheit mit dem Endprodukt. Außerdem eröffnet Veränderung die Chance zur Produktüberarbeitung. Agile Techniken sorgen dafür, dass trotz der Änderung Termin und Kosten im Rahmen bleiben.

Veränderungen zu begrüßen kann vor allem in stressigen Projektsituationen natürlich eine große Herausforderung sein. Das Prinzip sollte nicht missverstanden werden als blinde Unterwürfigkeit gegenüber dem Kunden, aus der heraus man alles macht, was er sagt. Vielmehr geht es um eine positive Grundhaltung gegenüber den Änderungen, verbunden mit Augenmaß für das Machbare und konstruktiver Beratung des

Kunden, wenn es um die Konsequenzen der Änderungen für die Gesamtplanung geht.

Nicht jede vom Kunden gewünschte Veränderung ist für das Produkt insgesamt sinnvoll. Es gehört zu den Aufgaben eines agil steuernden Projektmanagers, ihm die Auswirkungen auf den Projektverlauf deutlich zu machen und ihn zur Sinnhaftigkeit der Änderung zu beraten.

Nur das Notwendige erledigen

Im agilen Manifest gibt es ein weiteres Prinzip, das eine Rolle spielt in Bezug auf Veränderungen: „Einfachheit – die Kunst, die Menge nicht getaner Arbeit zu maximieren – ist essenziell" (Originaltext: „Simplicity – the art of maximizing the amount of work not done – is essential"). Wichtig ist also erkennen zu können, welche Arbeit tatsächlich gar nicht nötig ist, um ein bestimmtes Ergebnis zu erzielen.

Beispiel:

Ein Mitarbeiter einer Werbeagentur soll einen Flyer erstellen. Als Vorgaben bekommt er Texte mit dem notwendigen Inhalt und einen anderen Flyer, von dem er das Layout übernehmen soll. Er fügt in das vorhandene Layout die zugelieferten Texte ein. Da der Text etwas zu lang für den Flyer ist, verkleinert er die Schriftgröße. Damit die Überschriftenelemente dazu passen, sucht er auch hier neue Schriftgrößen heraus. Dann nimmt er noch weitere Layout-Änderungen vor, um das Gesamtbild zu harmonisieren. Als er den Flyer seinem Chef präsentiert, kommt heraus, dass keine Layoutänderung gewünscht war, weil der Flyer zu einer Reihe anderer im gleichen Layout gehört. Eine Textkürzung wäre dagegen okay gewesen. Der Flyerentwurf landet im Papierkorb, der Mitarbeiter muss sich erneut ans Werk machen.

Änderungswünschen positiv begegnen

Der Mitarbeiter im Beispiel ist offensichtlich jemand, der seine Arbeit besonders gut machen möchte. Das ist auch eine sehr ehrenwerte Grundhaltung und ein wichtiger Bestandteil intrinsischer (eigener, von innen kommender) Motivation. In der Projektpraxis führt eine solche Haltung aber oft zu Arbeiten, die für das Ergebnis nicht erforderlich wären und im schlimmsten Falle sogar hinderlich sind, wie das Beispiel zeigt.

Nur die Arbeit zu erledigen, die wirklich nötig ist, ist schon im klassischen Projektmanagement nicht ganz einfach. Im agilen Projektmanagement wird dies durch die Iterationen noch erschwert und gleichzeitig als Erfolgsfaktor noch entscheidender. Denn die Iterationen können zu folgenden Gedanken verführen: „Bestimmt kommt später noch dieses und jenes dazu, und wenn ich das jetzt schon vorbereite, habe ich es später einfacher". Das hat zur Konsequenz, dass man nicht nur für das Ergebnis der aktuellen Iteration, sondern gleichzeitig für das Ergebnis einer der folgenden Iterationen arbeitet. Nur was ist, wenn sich die Anforderungen bis dahin geändert haben? Und gerade das ist ja eine der Grundannahmen im agilen Projektmanagement.

> Erledigen Sie in jeder Iteration nur die Arbeit, die für das Ergebnis der Iteration erforderlich ist. Das Vordenken und Miterledigen von Arbeit für kommende Iterationen birgt die Gefahr, dass Sie etwas erledigen, was später nicht mehr gefragt ist. Denn die Anforderungen können sich ja nach jeder Iteration ändern.

An dieser Stelle werden Sie vielleicht einwenden, dass es aber doch manchmal grundlegende Arbeit gibt, die „Infrastruktur" für das Produkt bereit stellt und deshalb zu Beginn gemacht werden muss, auch wenn man deren Ergebnis teilweise erst in späteren Iterationen nutzt. Solche Arbeiten gibt es in fast jedem Projekt, und wenn sie tatsächlich zu Beginn erledigt werden müssen, dann gehören sie auch zur ersten Iteration. Dies ist dann kein Widerspruch zum Prinzip der Einfachheit.

In vielen Unternehmen gibt es geflügelte Worte für Arbeiten (und deren Sichtbarkeit im Produkt), die dem Prinzip der Einfachheit widersprechen. Beispiele hierfür sind „goldener Henkel" oder „Sonderlocke".

Warum Reviews mit Kunden so wichtig sind

Zweck eines Reviews ist es, bei den Projektanforderungen, die beim agilen Projektmanagement als veränderbar begriffen werden, nachzusteuern. Das oberste Ziel dabei ist eine möglichst hohe Zufriedenheit der Kunden mit dem Produkt.

Beispiel:

> Für die Marketingkampagne eines Pharmaunternehmens wurden in der ersten Iteration Medikamentenaufsteller für Apotheken entwickelt. In einem Review bewerten mehrere Referenzapotheken, ob der Aufsteller für ihre Zwecke brauchbar ist. Es zeigt sich, dass viele Apotheker den Aufsteller auf ihrer Theke platzieren möchten, wozu er jedoch zu groß ist.

Das Beispiel zeigt sehr schön eine der wesentlichen Ursachen, die in der Praxis oft zu unklaren Anforderungen führen: Die Kunden verstehen ein Produkt meist erst dann besser, wenn sie es – zumindest teilweise – ausprobieren können. Weitere typische Ursachen sind Veränderungen im Umfeld des Kunden oder schlichte Missverständnisse bei den Anforderungen.

Welche Ursache auch immer die Änderungswünsche während eines Reviews haben – entscheidend ist, sie ernst zu nehmen. Das bedeutet nun aber nicht, die Projektanforderungen einfach so zu ändern. Zunächst müssen dem Kunden die Auswirkungen der Änderungen auf den Projektverlauf verständlich gemacht werden. Dann kann er entscheiden, welche Änderungen ihm wirklich wichtig sind.

In der Softwareentwicklung ist es gute Praxis, bereits zu Beginn einer Iteration mit dem Kunden abzusprechen, welche Tests er in dem Review nach der Iteration mit dem Teilprodukt durchführen will. Dies gibt dem Review-Prozess eine klarere Struktur. Vielleicht lässt sich diese Möglichkeit auch auf Ihr Projekt übertragen.

Ein Review muss natürlich nicht immer aus einem einzelnen Meeting bestehen. Es kann auch sein, dass Sie dazu das Produkt dem Kunden eine gewisse Zeit zum Test überlassen.

Beispiel:

> Ein Kfz-Zulieferer entwickelt ein neues elektronisches Bauteil für die Fahrzeugsteuerung. In einer Iteration wurde als Inkrement ein Gehäuse mit Anschlüssen entwickelt. Dieses Teilprodukt überlässt er nun für eine Zeit dem Kunden, damit dieser den Verbau des Teils in verschiedenen Fahrzeugtypen testen kann.

Wichtig ist auch, die geeigneten Personen für ein Review zu finden. Stellen Sie sich hierzu die Fragen: Wessen Feedback zum Produkt ist entscheidend? Wer muss wirklich dabei sein?

In großen Projekten kommt es manchmal zu der Situation, dass mehrere Kundenvertreter im Raum sind, die unterschiedliche Interessen in Bezug auf das Produkt haben. Dann finden Sie sich plötzlich in der Rolle des Mediators für die unterschiedlichen Kundeninteressen wieder. Diese Verantwortung sollten Sie aber auf jeden Fall beim Kunden belassen und auf einer internen Klärung beim Kunden bestehen. Es sei denn, Sie profitieren selbst von dieser Situation.

Checkliste: So umgehen Sie Fallstricke beim Review

- Stellen Sie mithilfe von eindeutigen Absprachen im Vorfeld sicher, dass die Stakeholder die passenden Erwartungen an den Review haben. Sonst bekommen Sie dort ständig zu hören: „Warum geht dieses und jenes denn noch nicht?"

- Klären Sie im Vorfeld, wer beim Kunden die entscheidenden Partner für ein Review sind. Laden Sie alle wichtigen Stakeholder zum Review ein. Sonst steuern Sie Ihr Produkt eventuell in die falsche Richtung nach.

- Laden Sie nicht zu viele Personen zum Review ein. Sonst entstehen unnötige, zeitraubende Diskussionen, weil alle mitreden wollen. Falls Sie dennoch in solch eine Situation geraten, können Ihnen eine strikte Moderation und eine strenge Priorisierung der Änderungswünsche helfen.

- Arbeiten Sie mit einer klaren Agenda für das Meeting und halten Sie alle Entscheidungen schriftlich in einem Protokoll fest.

Im Allgemeinen werden Reviews am Ende einer Iteration abgehalten. Im einfachsten Fall kann das ein Meeting mit dem Kunden sein, bei dem das bisherige Teilprodukt vorgestellt wird. Im Review wird klargestellt, inwiefern es den Vorstellungen der Stakeholder entspricht.

Retrospektiven als Basis für Verbesserungen im Team

Im Agilen Manifest wird das Prinzip der Retrospektiven so beschrieben: „In regelmäßigen Abständen reflektiert das Team, wie es effektiver werden kann, und passt sein Verhalten entsprechend an" (Originaltext: „At regular intervals, the team reflects on how to become more effective, then tunes and adjusts its behavior accordingly").

Teams sollen sich also regelmäßig mit der Fragestellung auseinandersetzen, wie der Einzelne im Projekt arbeitet und mit den anderen kooperiert, und in welchen Bereichen die Effektivität noch gesteigert werden kann. Ziel ist es, daraus ganz konkrete Verbesserungen für die Zusammenarbeit und den Prozess abzuleiten.

Sicherlich kennen Sie bereits Lessons Learned, die in den meisten Projekten durchgeführt werden. Dabei werden gegen Ende eines Projektes Verbesserungsvorschläge gesammelt, die dann in den kommenden Projekten aufgegriffen werden sollen. In der Praxis verschwinden die Vorschläge häufig in einer Schublade oder einem Excel-Sheet und tauchen nie wieder auf.

Retrospektiven vs. Lessons Learned: die Unterschiede	
Retrospektiven	Lessons Learned
• Finden während des Projektes statt	• Finden am Ende des Projektes statt
• Verbesserungen werden im aktuellen Projekt umgesetzt	• Verbesserungen werden für kommende Projekt geplant
• Nur Diskussionen auf Prozessebene	• Oft Diskussionen auf Prozess- und Produktebene

Das Prinzip der Retrospektiven geht weit über das der klassischen Lessons Learned hinaus, wie die Tabelle zeigt. Dabei ist der wichtigste Unterschied, dass Retrospektiven bereits während des laufenden Projektes stattfinden. Ein guter Zeitpunkt dafür ist das Ende einer Iteration. Neben dem Review, das Sie dann ja ohnehin durchführen, können Sie mit dem Projektteam ein Meeting zur Retrospektive abhalten.

Beispiel:

Ein Projektteam arbeitet mit Iterationen, die jeweils 6 Wochen dauern. Nach jeder Iteration trifft sich das Team für 2 Stunden zu einer Retrospektive. Die dort herausgearbeiteten Verbesserungen im Prozess werden zu Beginn der nächsten Iteration umgesetzt.

Vermeiden Sie es, die Retrospektive mit dem Review zu kombinieren, in der Hoffnung dabei Zeit einzusparen. Erfahrungsgemäß ist diese Kombination nicht sehr effizient. Sie führt in erster Linie zu Verwirrung bei den Teilnehmern. Denn es ist für so manchen schwieriger als vermutet, klar zwischen der Ebene des Produkts (Review) und der Ebene des Prozesses (Retrospektive) zu unterscheiden.

In dem Prinzip der Retrospektiven steckt das Streben nach kontinuierlicher Verbesserung, das in der agilen Projektmethodik sehr wichtig ist. Dabei ist von großer Bedeutung, dass die Verbesserungsvorschläge auch ganz konkret und zeitnah umsetzbar sind.

Beispiel:

> Während einer Retrospektive merkt ein Teammitglied an, dass es den Eindruck hat, zu viel Zeit in Telefonkonferenzen (Telkos) zu verbringen. Viele Teammitglieder stimmen dem zu. Es wird entschieden, dass ab der nächsten Iteration Telkos nur noch stattfinden dürfen, wenn in der Einladung dazu eine genaue Agenda zu finden ist. Zudem soll der Einladende stets versuchen, die Telkos so zu strukturieren, dass einzelne Teilnehmer sie vorzeitig verlassen können, sobald ihre Themen besprochen worden sind.
>
> In einem Projekt wird ein Wiki, eine Wissensdatenbank, eingesetzt und auch rege genutzt. Während einer Retrospektive beklagt sich ein Teammitglied, dass das Wiki zu langsam ist. Alle anderen stimmen dem zu. Bisher läuft das Wiki auf dem Computer eines Mitarbeiters. Es wird entschieden, einen eigenen Server dafür anzuschaffen.

Eine gute Strukturierung der Retrospektiven ist wichtig, damit alle motiviert dabei sind. Eine typische Agenda für eine Retrospektive sieht wie folgt aus:

- Sammeln der Verbesserungsvorschläge
- Kurze Diskussion und Ergänzung aller Vorschläge
- Priorisierung der Verbesserungsvorschläge

- Auswahl der umzusetzenden Vorschläge

- Verteilung der konkreten Aufgaben und Verantwortlichkeiten: Wer macht was bis wann?

Selbstorganisierte Teams

Das Prinzip der selbstorganisierten Teams wird im agilen Manifest wie folgt umschrieben: „Die besten Architekturen, Anforderungen und Entwürfe entstehen durch selbstorganisierte Teams" (Originaltext: „The best architectures, requirements and designs emerge from self-organizing teams").

Die Formulierungen im Manifest, so z.B. im englischen Originaltext die Begriffe „architectures, requirements and designs", beziehen sich speziell auf die Softwareentwicklung. Sie können für andere Bereiche am besten mit dem Wort „Lösungen" übersetzt werden. Es ist also gemeint, dass Teams dann zu den besten Lösungen finden, wenn sie die Möglichkeit haben, sich selbst zu organisieren. Wie alle agilen Prinzipien entspringt diese Annahme nicht irgendeinem theoretischen Modell, sondern der Beobachtung in der Praxis.

Selbstorganisation eines Teams bedeutet insbesondere, dass

- das Team entscheidet, welche Arbeitslast zu bewältigen und machbar ist

- das Team/Einzelner entscheidet, welcher Arbeitsschritt als nächstes sinnvoll ist

- man sich im Team gegenseitig nach eigenem Ermessen unterstützt

Änderungswünschen positiv begegnen

Beispiel:

 Als in der Automobilindustrie Gruppenarbeit, also die eigenständige Arbeitsverteilung in der Gruppe, eingeführt wurde, nahmen viele Kritiker an, dass die Arbeiter bei dieser Form der Selbstorganisation weniger effektiv sein würden als bei der Fließbandarbeit. Tatsächlich hat sich Gruppenarbeit an vielen Stellen bewährt und sich vor allem in Großbetrieben im Lauf der Zeit immer mehr durchgesetzt.

Die Vorteile der Selbstorganisation

Oft stellen meine Seminarteilnehmer fest, dass ihr eigenes Projekt davon profitieren könnte, wenn die Selbstorganisation in ihrem Team gestärkt würde. Als Vorteile werden insbesondere die aktive Übernahme von Verantwortung für die eigenen Aufgaben und die stärkere gegenseitige Unterstützung im Team gesehen. Ohne Selbstorganisation verteilt oft der Projektleiter Aufgaben mit vorgegebenen Bearbeitungszeiten an die Entwickler. Unter Selbstorganisation nehmen sich die Entwickler Aufgaben, deren Bearbeitungsdauer sie selbst mit abgeschätzt haben.

Die Eigenverantwortung der Teammitglieder ist in gewisser Weise die Quintessenz und Folge der agilen Techniken, die in einem Projekt zum Einsatz kommen. Denn fast alle agilen Techniken und Prinzipien dienen auch dem Zweck, Selbstverantwortlichkeit zu fördern. Das ist z.B. bei einem Task Board der Fall (siehe hierzu das Kapitel „Die agilen Techniken"). Es hilft dabei, dass jeder im Team sieht, woran genau die anderen gerade arbeiten. Die damit einhergehende bessere Abstimmung der Teammitglieder untereinander führt zu effizienteren Arbeitsabläufen.

Eine andere wichtige Auswirkung der Selbstorganisation ist die Steigerung der Motivation der Teammitglieder. Stellen Sie sich einfach kurz vor, welchen Unterschied es macht, ob Sie eine Aufgabe einfach zugewiesen bekommen oder ob Sie sich die Aufgabe selber ausgewählt haben. Im zweiten Fall wird Ihre intrinsische Motivation ungleich höher sein. Damit ist die Motivation gemeint, die jemand aus sich selbst schöpft, z. B., weil seine Aufgabe ihm sinnvoll erscheint und seinem Können entspricht. Sicherlich werden Sie sich unter Eigenverantwortung tendenziell eine Aufgabe heraussuchen, die Sie herausfordert, aber nicht überfordert und die Ihnen sinnvoll erscheint.

Mögliche Vorteile bei Selbstorganisation des Teams
▪ Steigerung der (intrinsischen) Motivation
▪ Effizientere Arbeitsabläufe
▪ Mehr Übernahme von Eigenverantwortung

Wie führt man selbstorganisierte Teams?

Auf keinen Fall sollte man Selbstorganisation mit mangelnder Führung verwechseln. Auch bei einem selbstorganisierten Team ist die Führung durch den Projektleiter wichtig. Allerdings ist seine Führungsaufgabe hier dann anders zu verstehen. Es geht weniger darum, den einzelnen Teammitgliedern konkrete Aufgaben zuzuweisen, als darum, die Arbeitsfähigkeit des Teams insgesamt sicherzustellen. Dazu tragen verschiedene agile Techniken bei.

Beispiel:

 Ein Projektleiter macht jeden Morgen ein kurzes Meeting (Daily-Stande-Meeting). Dabei fragt er nach, ob jeder im Team eine klare Aufgabe für den Tag hat. Zudem klärt er, ob jemand noch irgendetwas braucht, um mit seiner Aufgabe voran zu kommen.

Das Prinzip der Selbstorganisation funktioniert nur bei Teams, die auch wirklich fähig sind, sich selbst zu organisieren. Dies setzt gewisse soziale Kompetenzen der einzelnen Teammitglieder voraus. Mehr zu diesem Thema erfahren Sie im letzten Kapitel dieses TaschenGuides.

Gemeinsame Verantwortung: alle für einen, einer für alle

Nur ein gut selbstorganisiertes Team kann den Grundsatz der „gemeinsamen Verantwortung" umsetzen, der in agilen Projekten so wichtig ist. Das bedeutet, dass sich jedes Mitglied im Team für den Gesamterfolg mitverantwortlich sieht und auch für das Funktionieren des Produktes bei jedem Teilaspekt Verantwortung übernimmt. Wer ein Problem erkennt (z.B. einen Fehler in der Software), der kümmert sich darum, dass es behoben wird. Er behebt es entweder selbst und kommuniziert dies den anderen (z.B. durch einen Kommentar im Code der Software), oder er geht aktiv auf das Teammitglied zu, das besser für das Beheben des Fehlers geeignet ist.

Kooperation von Fachexperten und Entwicklern

Fachexperten und Entwickler müssen während eines agilen Projektes eng zusammenarbeiten. Fachexperten sind diejenigen, die das Wissen darüber haben, wie genau das Produkt später funktionieren und aussehen soll. Mit Entwicklern sind die Personen gemeint, die das Produkt erstellen.

Die Notwendigkeit dieser engen Zusammenarbeit ergibt sich daraus, dass die Anforderungen an das Produkt zunächst noch relativ grob beschrieben werden. So vorteilhaft dies insgesamt für das agile Vorgehen ist, so wichtig ist es auch, die „Lücken" in den Anforderungsbeschreibungen zum richtigen Zeitpunkt mit dem richtigen Wissen zu füllen. Wenn die Entwickler später mehr Detailwissen zur Umsetzung benötigen, müssen sie es schnell von der Fachseite geliefert bekommen. Es muss also für die Entwickler stets kurzfristig ein kompetenter Ansprechpartner aus dem Fachbereich erreichbar sein, damit die Produktentwicklung nicht gebremst wird. Die Verantwortung dafür wird gemeinsam getragen. Die Entwickler tragen die Verantwortung, an den richtigen Stellen nachzufragen und Details einzufordern. Die Fachexperten sind dafür verantwortlich, klare Antworten zu liefern und dabei sichere Entscheidungen zu treffen.

Beispiel:

In einem Projekt wird eine Software zur Lagerverwaltung erstellt. Ein Entwickler arbeitet an einer Eingabemaske für Materialeingänge. Aus der Anforderungsbeschreibung ist für ihn nicht ersichtlich, ob ein Auswahlfenster für Materialgruppen eingeblendet werden soll. Er ruft den Produktmanager als zuständigen

Fachexperten an. Nach kurzer Diskussion entscheidet dieser, dass in der Eingabemaske kein Auswahlfenster nötig ist. Der Entwickler hält diese Entscheidung mit einer kurzen Notiz in der Anforderungsbeschreibung fest und fährt mit seiner Arbeit fort.

Das Nachfragen zum richtigen Zeitpunkt klingt in der Theorie einfacher, als es in der Praxis ist. Zum einen muss dazu in dem Projekt eine Kultur herrschen, die solche Fragen ohne Scheu ermöglicht. Zum anderen muss es im Projekt Strukturen geben, die ein schnelles Erreichen kompetenter Ansprechpartner erlauben.

In der Praxis sind Missverständnisse oder mangelnde Absprachen zwischen Fach- und Entwicklungsabteilung die häufigsten Fehlerquellen. Mangelnde Kooperation zwischen Entwicklern und Fachexperten ist eines der größten Hemmnisse für agile Projekte.

> Wenn in einem agilen Projekt ein kompetenter, gut erreichbarer Fachexperte fehlt, dann kommt damit die gesamte agile Vorgehensweise ins Wanken.

In der folgenden Auflistung sind typische Fallstricke für die Zusammenarbeit genannt, die Sie vermeiden sollten.

Fallstricke in der Zusammenarbeit zwischen Fachexperten und Entwicklern

- Der Fachexperte verfügt nicht über das nötige Fachwissen.
- Der Fachexperte hat nicht genügend Zeit, diese Rolle wahrzunehmen.
- Es sind mehrere Fachexperten benannt, die sich dann aber nicht gut genug untereinander absprechen und daher widersprüchliche Angaben machen.

Denken Sie immer daran, dass die beste und effizienteste Methode, missverständliche Anforderungen zu klären, ein Gespräch von Angesicht zu Angesicht ist.

Auf einen Blick: Die agilen Prinzipien

- Die Verfasser des Agilen Manifests leiteten aus den agilen Werten 12 Prinzipien ab. Sie bilden die Handlungsgrundsätze für agile Projekte.

- Eines der wichtigsten agilen Prinzipien ist das sog. iterative Vorgehen. Das Produkt wird hier nicht in einem Wurf, sondern in mehreren Zyklen entwickelt, in enger Abstimmung zwischen den Projektbeteiligten und den Kunden.

- In agilen Projekten sind Änderungswünsche des Kunden erlaubt und sogar erwünscht. Die Grundidee, die hinter diesem Prinzip steht, ist es, die unausweichlichen Veränderungen soweit wie möglich zum allseitigen Vorteil zu nutzen.

- Ein funktionierendes Produkt kann nur in intensiver Abstimmung mit den Stakeholdern und im Team entstehen. Dieses Prinzip garantiert, dass das Produkt nicht am Kunden vorbei entwickelt wird.

- Ein weiteres Prinzip aus dem Agilen Manifest lautet: In einem Team, das sich selbst organisieren kann, arbeiten alle motivierter und sind bereit, mehr Verantwortung zu übernehmen, was zu besseren Ergebnissen führt.

Die agilen Techniken

Mehr Flexibilität, mehr Eigenverantwortung, eine höhere Motivation im Team – wer wünscht sich dies nicht? Agile Techniken helfen dabei, all dies Realität werden zu lassen.

In diesem Kapitel erfahren Sie,

- welche Techniken sich bei der Projektsteuerung bewährt haben,
- mit welchen Tools Sie Projektanforderungen im Griff behalten,
- welche agilen Kontrollinstrumente es gibt.

Ein erster Überblick

In den Kapiteln zuvor haben Sie die agilen Werte und Prinzipien kennengelernt. Sie geben den Rahmen für ein agiles Projekt vor. Sie helfen aber noch nicht dabei, ein ganz konkretes Projektmanagement aufzusetzen. Dazu sind die agilen Techniken da.

Vielleicht passen nicht alle agilen Techniken in Ihr konkretes Projektumfeld. Sie können sie auch einzeln in Ihrem Projekt einsetzen, um agiler zu werden. Das sollten Sie jedoch mit Vorsicht tun, da manche Techniken nur in Kombination miteinander ihre Stärken entwickeln (siehe hierzu auch Kapitel „Kombination agiler Techniken").

In der folgenden Tabelle sind alle agilen Techniken enthalten, die in diesem Kapitel vorgestellt werden. Dabei sind die Techniken zuerst genannt, die in der Praxis am weitesten verbreitet sind und die sich erfahrungsgemäß leichter in existierende Projekte übernehmen lassen.

Wichtige agile Techniken	
Task Board	Übersicht über aktuelle Aufgaben
Use Cases: Anwendungsfälle	Anforderungen aus Kundensicht beschreiben
Daily-Standup-Meetings	Effiziente Statusmeetings: tägliche Besprechungen im Stehen
Work-in-Progress-Limits (WIP-Limits)	Begrenzung von parallelen Aufgaben zur Wahrung der Produktivität
Burn-Down-Charts	Visualisierung des Arbeitsstands

Wichtige agile Techniken	
Timeboxing	(Wirklich) feste Zeitvorgaben
Planning Poker	Dynamisches Verfahren zur Schätzung von Aufwänden
Geschäftswert	Möglichst frühzeitige Erzeugung von Kundennutzen
Definition of Done	Klare Festlegung, wann eine Aufgabe als fertiggestellt gilt
Osmotische Kommunikation	Gleichen Informationsstand herstellen
Earned Value	Fortschritts- und Budgetkontrolle
Story Points	Einheit für Aufwandsschätzungen
Epic	Zusammenfassen von verwandten Anwendungsfällen
Persona	Perspektive des Kunden einnehmen

Projekte steuern: Task Boards, Daily-Standups und WIP-Limits

Das agile Projektmanagement setzt mit dem Prinzip der Selbstorganisation stark auf die Selbststeuerung des Teams. Gleichzeitig ist es aber wichtig, dass der Projektleiter steuernd eingreifen kann, wenn es ihm erforderlich erscheint. Dieses Eingreifen muss natürlich im Einklang mit den agilen Prinzipien stehen. Hier werden Techniken vorgestellt, die in diesem Zusammenhang nützlich sind.

Mit Task Boards den Überblick behalten

Ein Task Board dient der Visualisierung der aktuellen Aufgaben des Teams. In seiner einfachsten Form ist es eine Wand oder eine Tafel, an die einzelne Zettel geheftet sind. Auf jedem Zettel steht eine Aufgabe, die für das Projekt erledigt werden muss. Diese Zettel können dabei in mehrere Kategorien unterteilt sein, z. B. „To-do" (bzw. „Insgesamt anstehend"), „In Work" (bzw. „in Arbeit") und „Done" (bzw. „erledigt"). Entweder der Projektleiter oder noch besser die Teammitglieder, die für die jeweilige Aufgabe zuständig sind, aktualisieren das Task Board, indem sie z. B. den entsprechenden Zettel von „To-do" nach „In Work" umhängen. So wird der aktuelle Arbeitsstand für alle sichtbar. Die Aufgaben, für die die Zettel stehen, sollten nur wenige Tage Arbeitsaufwand erfordern, damit das Task Board eine sinnvolle Fortschrittskontrolle erlaubt. Viele Teams nutzen zusätzlich auch farbige Markierungen auf den Karten, um verantwortliche Mitarbeiter oder Aufgabentypen zu markieren.

Arbeitet man mit Iterationen (siehe hierzu das Kapitel „Die agilen Prinzipien"), fügt man dem Task Board eine vierte Spalte hinzu, in der zu Beginn einer neuen Iteration die Tasks dafür gesammelt werden. Die folgende Abbildung zeigt das Schema eines solchen Boards.

Projekte steuern: Task Boards, Daily-Standups und WIP-Limits

Aufgaben

insgesamt anstehend	für aktuelle Iteration anstehend	in Arbeit	erledigt
Task	Task	Task	Task
Task	Task	Task	
Task	Task		
Task			
Task			

Aufgaben in einem Task Board visualisieren

In vielen Projekten werden dem Task Board noch weitere Spalten hinzugefügt. So könnten Sie eine Spalte „Wartend" einführen für Aufgaben, die bereits angefangen wurden, aber aktuell ruhen, weil z. B. noch eine Zuarbeit fehlt.

Man kann in den Spalten auch nach Aufgabenumfang unterscheiden. So können in der Spalte „Insgesamt anstehend" Anwendungsfälle gesammelt werden, die z. B. mehrere Wochen dauern. Für die Übernahme in die Spalte „für aktuelle Iteration anstehend" werden die Anwendungsfälle dann in einzelne Aufgaben gesplittet, die nur noch einen Umfang von mehreren Tagen haben.

Für Teams, die an unterschiedlichen Standorten arbeiten, gibt es eine ganze Reihe von Software-Tools, um ein Task Board im

Browser darzustellen und gemeinsam daran zu arbeiten. Am Ende dieses Hauptkapitels finden Sie einige Beispiele aufgeführt.

Daily-Standup-Meetings finden idealerweise vor dem Task Board statt.

Daily-Standup-Meetings: effektive Treffen

Wer kennt das nicht? Man sitzt in einem Meeting und fragt sich, was man eigentlich dort soll. Man könnte doch in dieser Zeit schon tausend andere produktivere Dinge erledigt haben! Solche Meetings gibt es im agilen Projektmanagement nicht. Stattdessen gibt es Daily-Standup-Meetings, also kurze Tagesbesprechung im Stehen. Die Betonung liegt hier auf „kurz" und „im Stehen". Die Durchführung der Besprechung im Stehen sorgt für eine höhere Dynamik, da jeder ein bisschen in Bewegung bleibt. Auch steht niemand gerne stundenlang, so dass das Stehen das Treffen auch auf eine kurze Zeitspanne begrenzt. Die Kürze ist wichtig, damit nur die wesentlichen Informationen ausgetauscht werden und die Teilnehmer die Besprechung als produktiv erleben. All dies steigert die Wahrscheinlichkeit, dass die Beteiligten gerne zu den Besprechungen kommen. Nur dann können sie sich auch auf Dauer etablieren. Mit Daily-Standup-Meetings werden Kommunikation und Informationsfluss zwischen den Beteiligten unterstützt. Dies ist für ein agiles Projektmanagement unverzichtbar.

Wie läuft nun so ein Meeting ab? Reihum gehen alle Teilnehmer auf die folgenden Fragen ein:

1 Wie bin ich gestern mit meiner Arbeit vorangekommen?
2 Welche Arbeitspakete liegen für heute an?
3 Welche Hindernisse gibt es für mich aktuell, die der Erledigung dieser Arbeiten entgegenstehen?

Für die Beantwortung dieser drei Fragen hat jeder ca. 2 Minuten Zeit. In der Regel werden die Teilnehmer dabei nur gelegentlich Hindernisse nennen. Falls jemand ein Hindernis benennt, so ist es die Aufgabe des Moderators (z.B. der Projektleiter) eine Lösung für das Problem vorzuschlagen.

Beispiel:

> Ein Mitarbeiter hat die aktuelle Aufgabe Werkzeuglisten zusammenzustellen. Im Daily-Standup-Meeting weist er darauf hin, dass er sich mit den Werkzeuglisten noch nicht gut auskennt und deshalb länger als geplant braucht, um die passenden Einträge herauszusuchen. Der Projektleiter gibt ihm den Tipp, dass in einem vergangenen Projekt bereits einmal kommentierte Werkzeuglisten erstellt wurden. Er verspricht, ihm in der nächsten Stunde mitzuteilen, wo er die Listen im Intranet findet.

Funktionierende Daily-Standup-Meetings sind ein hervorragendes Instrument, um sich effektiv zu besprechen. Allerdings ist es gar nicht so einfach, sie bei den Teammitgliedern auf Dauer zu etablieren. Es gibt drei Kardinalfehler, die Sie vermeiden sollten.

- Falscher Zeitpunkt für die Besprechung
- Falsche Moderation des Ablaufs
- Zu viele oder zu wenige Details

Fehler 1: Falscher Zeitpunkt für die Besprechung

Achten Sie darauf, dass im Einvernehmen mit dem gesamten Team (bzw. allen Teilnehmern) ein guter Zeitpunkt für die Besprechung vereinbart wird. Am besten ist dabei meist ein Termin relativ früh am Tage. Wenn Sie über die Köpfe der anderen hinweg einen Zeitpunkt bestimmen, der für einige sehr ungünstig ist, werden Sie es sehr schwer haben, den Termin auf Dauer durchzusetzen.

Beispiel:

Für Langschläfer oder Teammitglieder mit langem Anreiseweg zur Arbeit sind Meetings früh am Morgen eine Belastung.

Fehler 2: Falsche Moderation des Ablaufs

Machen Sie sich bewusst, dass Sie als Projektleiter die Verantwortung für die Moderation des Meetings haben. Dazu gehört sowohl eine für alle Teilnehmer klare Agenda, als auch ein ausgewogenes Verhältnis der Redebeiträge. Wenn Sie das Meeting ohne Moderation laufen lassen, werden die Vielredner schnell das Heft in der Hand halten und die anderen auf Dauer von der Besprechung vergraulen.

Fehler 3: Zu viele oder zu wenige Details

Stellen Sie sicher, dass jeder Teilnehmer einerseits in seiner Redezeit bleibt und sie andererseits aber auch nutzt. Dazu ist eine richtige Detailtiefe der Redebeiträge wichtig. Wenn Teilnehmer zu sehr ins Detail gehen, dann bitten Sie rechtzeitig um eine kurze Zusammenfassung in drei Sätzen. Wenn Redner versuchen, mit der Floskel „Alles wie gestern" durchzukommen, dann haken Sie nach: „Und was genau ist der Unterschied zu gestern?" Tun Sie das nicht, haben Sie schnell eine Runde, in der alle nur noch „Alles wie gestern" sagen. Da dieser Satz keine Information enthält, wird das Meeting bald zur Zeitvergeudung, und dann bleiben nach und nach die Teilnehmer weg.

> In einem gut moderierten Daily-Standup-Meeting kann sich das gesamte Team in kurzer Zeit ein Bild davon machen, wer gerade woran arbeitet und wer Unterstützung benötigt. Dies ersetzt viele lange Meetings.

Falls das Team mit einem Task Board arbeitet, sollte die Besprechung davor stattfinden. Das macht die einzelnen Aufgaben für alle noch greifbarer.

Ein Daily-Standup-Meeting sollte optimaler Weise nur ca. 15 Minuten dauern. Bei 2 Minuten Berichtszeit pro Teilnehmer ergibt sich also eine maximale Teilnehmerzahl von ca. 7 Personen. Natürlich können Sie von diesem Optimum abweichen, es wird dann allerdings immer schwieriger, eine gute Gesamtdynamik der Besprechung zu halten.

Osmotische Kommunikation

Eine wichtige Basis des agilen Projektmanagements ist der gute Informationsaustausch im Team. Alle Teammitglieder sollten auf dem gleichen Informationsstand sein. Dies setzt voraus, dass die wichtigen Infos im passenden Umfang und zur richtigen Zeit an alle Beteiligten weitergegeben werden. Dem trägt die sog. osmotische Kommunikation Rechnung. Ihr liegt die Annahme zugrunde, dass Menschen Gesprächsinhalte und damit Infos auch dann aufnehmen, wenn sie einfach nur im gleichen Raum anwesend sind. Aktiv teilnehmen müssen sie am Gespräch dafür nicht. Schafft man Raum für so einen informellen Austausch, gleichen sich die Informationsstände der Teammitglieder dann aus – ähnlich wie die Osmose durch Teilchenaustausch ein Gleichgewicht diesseits und jenseits einer halbdurchlässigen Membran bewirkt.

Die wesentliche Idee der agilen Technik „Osmotische Kommunikation" besteht darin, Strukturen zu schaffen, die diese effiziente und informelle Art des Informationsflusses begünstigen. Dazu zählen z. B. gemeinsame Büros, Pausenbereiche, gemeinsame Aktivitäten. In gut funktionierenden Teams lässt sich dies in der Praxis auch tatsächlich beobachten. Dort werden wichtige Informationen beispielsweise bei informellen Gesprächen an der Kaffeemaschine oder in kurzen Diskussionen über die Bürotische hinweg ausgetauscht.

Aus eigener Erfahrung wissen Sie, dass es viele Projektumfelder gibt, in denen diese Art der Kommunikation eher schwierig ist. Dazu zählen zu große Büros. Hier fällt es bereits schwer, sich überhaupt zu konzentrieren. Auch hat man dort das Gefühl, mit Zwischendurch-Gesprächen andere zu stören. Häufig gibt es auch keine einladenden Pausenbereiche, in denen es zu guten informellen Gesprächen kommen kann. In manchen Projekten herrscht auch eine Arbeitsatmosphäre, in der es nicht gewünscht scheint, sich Zeit für solche Gespräche zu nehmen. All diese Punkte lassen sich nicht leicht ändern. Aber möglich wäre es schon, wenn sich nur genügend

Personen aus dem Projekt dafür einsetzen würden. Vielleicht machen Sie ja hier einen Anfang.

Sicher gibt es auch Projektrealitäten, die Sie nicht einfach verändern können. So arbeiten viele Teams verteilt über Büros, Gebäude oder sogar über Ländergrenzen hinweg. Dann stellt sich die Frage, wie man die daraus entstehenden Hemmnisse zugunsten einer osmotischen Kommunikation kompensieren kann. Eine mögliche Lösung können hier Chat-Tools sein. Chats bieten eine schnelle, informelle Art der Kommunikation. Ein Teammitglied, das an einer Stelle nicht weiterkommt, kann eine kurze Frage in den Chatroom schicken. Ein anderes, das sich an der Stelle auskennt, kann kurz antworten. Manchmal ist das Problem damit schon gelöst oder es schließt sich ein kurzes Telefonat daran an. Chats haben informellen Charakter. Sie können schneller und unbürokratischer stattfinden als die Kommunikation per E-Mail.

> In den wenigsten Projekten herrschen optimale Rahmenbedingungen für agiles Projektmanagement. Gleichzeitig gibt es fast immer Wege, die daraus resultierenden Hemmnisse zu kompensieren.

Parallele Arbeit begrenzen mit WIP-Limits

Es ist in Projekten üblich, dass Mitarbeiter mehrere unterschiedliche Aufgaben parallel bearbeiten. Dies ist natürlich auch sinnvoll, da es ja immer wieder mal bei einer der Aufgaben vorübergehend nicht weitergeht. In diesem Fall kann der Mitarbeiter einfach zu einer seiner anderen Aufgaben wechseln und die unterbrochene Aufgabe später wieder aufnehmen. Damit steigt seine Produktivität.

Vielleicht haben Sie aber auch schon erlebt, dass eine zu hohe Menge an gleichzeitigen Aufgaben Ihre Arbeitsgeschwindigkeit und Produktivität insgesamt senkt. Man sitzt dann wie paralysiert vor einem Berg Arbeit und weiß nicht, welche man zuerst anpacken soll. Oder man fängt eine Aufgabe an und wird wenig später durch die andere abgelenkt.

Parallele Aufgaben sind also ein zweischneidiges Schwert. Die folgende Grafik veranschaulicht diesen Zusammenhang.

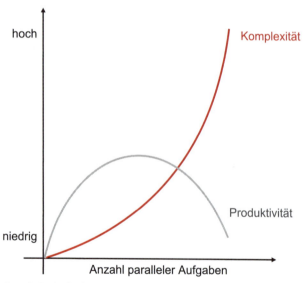

Parallele Aufgaben und ihre Auswirkung auf die Produktivität

Schauen wir zunächst auf die Komplexität (rote Kurve): Mit der Anzahl paralleler Aufgaben steigt die zu bewältigende Komplexität exponentiell. In unserem Wunschdenken hingegen gehen wir oft von einem nur linearen Anstieg aus.

Beispiel:

> Herr Bauer hat bereits mehrere parallele Aufgaben, die ihn insgesamt zu 60 % auslasten. Nun bekommt er zusätzlich eine neue Aufgabe übertragen. Er stellt fest, dass ihn die Summe seiner Aufgaben an den Rand seiner Belastungsgrenze bringt, was er sich nicht erklären kann, da rein rechnerisch nur 20 % mehr Auslastung dazugekommen ist. Er weiß nicht, was er zuerst erledigen soll, er vergisst Termine und ihm unterlaufen Fehler, was gar nicht zu ihm passt.

Wie sieht es nun mit der Produktivität aus? Mit dem Anstieg paralleler Aufgaben steigt zunächst auch die Produktivität, da durch den Wechsel zwischen verschiedenen Aufgaben Leerlauf vermieden wird. Da wir alle nur ein gewisses Maß an Arbeitsbelastung und Komplexität bewältigen können, muss es aber einen Punkt geben, ab dem eine Überlastung eintritt und die Produktivität wieder sinkt. In der Grafik erreicht die graue Kurve, die für Produktivität steht, ein Maximum, nach dem sie wieder abfällt.

Produktivität erhalten mit WIP-Limits

Diesen Zusammenhang berücksichtigen sog. Work in Progress Limits (kurz: WIP-Limits). Ziel eines WIP-Limits ist es, die Parallelität von Aufgaben (und damit die Komplexität) so zu begrenzen, dass die Arbeit produktiv bleibt. Im Allgemeinen hat jedes Projekt und Team ein eigenes optimales WIP-Limit.

Es ist also nicht sinnvoll, den Wert zu Projektbeginn für die gesamte Projektlaufzeit festzulegen. Vielmehr sollte der Projektleiter bzw. das Team das WIP-Limit nachsteuern, um mit der Zeit einen optimalen Wert zu finden.

An einem Task Board lässt sich das Limit sehr gut kontrollieren, wenn jede Aufgabe mit dem Namen des dafür zuständigen Mitarbeiters auf der Karte versehen ist. Bei einem WIP-Limit von 4 darf jeder Mitarbeiter auf dem Task Board nur vier Karten gleichzeitig „In Work" haben. Hat er dort schon vier und möchte er eine fünfte hinzunehmen, muss er erst eine der vier anderen Aufgaben abschließen. Oder er muss sehr gut begründen, weshalb er eine fünfte Aufgabe beginnt.

Maximale Produktivität im Team

Die Grafik zur Produktivität kann auch auf ein gesamtes Team bezogen werden. Dann stellt sich die Frage, wie es gelingen kann, dass ein Team genau an dem optimalen Punkt maximaler Produktivität arbeitet. Tatsächlich versucht das agile Projektmanagement durch die Kombination der verschiedenen agilen Prinzipien und Techniken genau dies zu erreichen. Man kann sich beispielsweise vorstellen, wie die Selbstorganisation von Teams (siehe hierzu das Kapitel „Die agilen Prinzipien") in diese Richtung wirkt:

- In einem klassisch gemanagten Projekt steuert der Projektleiter die Produktivität, indem er Aufgaben mit klaren Vorgaben für Dauer und Reihenfolge verteilt. Damit legt er die Produktivität konkret fest.

- In einem agilen Projekt nehmen die Mitarbeiter sich in gegenseitiger Absprache die Aufgaben selbst. Damit können sie – vorausgesetzt die Motivation stimmt – ihre optimale Produktivität nutzen. Die Produktivität wird hier also indirekt durch die Selbstorganisation gesteuert.

Die Idee der WIP-Limits stammt aus Kanban, einer Methode der Prozesssteuerung und -optimierung. Es gibt Software-Tools, die WIP-Limits für Task Boards unterstützen, wenn man diese als „Kanban Boards" anlegt.

Die WIP-Limits haben auch einen interessanten Querbezug zum Multiprojektmanagement. Dort hat sich die Erkenntnis durchgesetzt, dass man nicht zu viele Projekte parallel haben sollte. Projekte, die „vor sich hin dümpeln", werden dann lieber ganz eingestellt. Damit wird verhindert, dass diese Projekte insgesamt die Komplexität vergrößern und dadurch die Produktivität senken.

Projektanforderungen im Griff: Use Cases, Epics und Persona

Veränderungen der Projektanforderungen sind ein zentrales Thema des agilen Projektmanagements. Im Folgenden sind Techniken aufgeführt, mit denen sich die Anforderungen in agilen Projekten beschreiben lassen, um einerseits ein klares, gemeinsames Bild mit dem Kunden zu haben und andererseits gut mit ihrer Veränderung umgehen zu können.

Use Cases: Anforderungen aus Kundensicht

Anwendungsfälle, oft wird auch der englische Begriff Use Cases verwendet, sind eine Technik des agilen Projektmanagements, um die Anforderungen an das Produkt, das Ergebnis des Projektes sein soll, zu beschreiben. Dabei werden sie aus der Sicht eines Kunden beschrieben, der das Produkt für seine Zwecke einsetzt. Ziel dieser Technik ist es, eine komplette Beschreibung der Funktionalität des Produktes zu bekommen, und zwar in der Sprache des Kunden. Das hat einige Vorteile:

- Der Kunde versteht die Anforderungsbeschreibung, da sie in seinen eigenen Worten (der sog. Domänensprache) formuliert wurde.

- Er hat damit eine klare Entscheidungsbasis bei Priorisierungen zur Hand, wenn es darum geht, dass einzelne Teile des Produktes aus Zeit- oder Kostengründen nach hinten verschoben oder gänzlich gestrichen werden müssen.

- Die Produktentwickler verstehen den Kundennutzen besser. Damit sinkt die Wahrscheinlichkeit für Missverständnisse, beispielsweise, dass etwas in das Produkt aufgenommen wird, was der Kunde gar nicht benötigt.

Wie solche Anwendungsfälle bei Projekten aus dem Bereich der Softwareentwicklung aussehen können, haben Sie in dem Kapitel „Wie agiles Projektmanagement funktioniert" kennengelernt. Außerhalb der Softwareentwicklung ist es nicht immer ganz so einfach, passende Anwendungsfälle zu bestimmen. Wichtig ist, dass mit ihnen immer eine konkrete Anwendungsmöglichkeit des Produktes beschrieben wird.

Beispiel:

Ein Unternehmen bietet Dienstleistungen im sozialen Bereich an und möchte eine neue Beratungsleistung „Elternzeit" als Produkt auf den Markt bringen. Sinnvolle Anwendungsfälle aus Sicht des Kunden sind dann z.B. „Erstkontakt mit der Beratung aufnehmen" oder „Über rechtliche Aspekte informieren".

Ein Automobilzulieferer entwickelt ein neues Bauteil für die Fahrzeugsteuerung. Zwei der Anwendungsfälle des Kunden sind: „Informationen zum Verbau des Bauteils im Handbuch nachlesen können" und „Einsetzen des Bauteils und Passung der Anschlüsse prüfen".

Ein Anwendungsfall kann relativ kurz beschrieben werden, aber auch sehr umfangreich. Bei umfangreichen Beschreibungen können verschiedene Szenarien (auch Fehlerszenarien) dargelegt werden. Auch können Diagramme zum Einsatz kommen, um kompliziertere Abläufe übersichtlich darzustellen.

User Storys

Bei sehr kurzen Beschreibungen von Anwendungsfällen spricht man von User Stories. Eine User Story besteht typischerweise nur aus einem oder ein paar wenigen Sätzen und beschreibt einen Anwendungsfall auf grober Ebene.

Beispiel:

Eine Bank setzt eine neue Website auf. Im Bereich Kontoführung gibt es die User Story „Umsätze anzeigen" mit folgender Beschreibung: Ein angemeldeter Kunde wählt in der Hauptansicht Umsätze anzeigen. Er bekommt in einer Liste die Umsätze der letzten 30 Tage angezeigt. Durch zwei Auswahlfelder „von" und „bis" kann er den Zeitraum auch selbst festlegen. Wenn er die Werte der Felder ändert, wird sofort eine neue Liste angezeigt.

Eine Versicherung setzt einen neuen Prozess zur Schadensregulierung auf. Die User Story „Telefonische Schadensmeldung" lautet wie folgt: Ein Versicherungsnehmer ruft an, um einen Schaden zu melden. Der Sachbearbeiter nimmt die Versicherungsnummer auf und erfragt soweit möglich alle Daten, die in der Vorlage „Schadensmeldung" gelistet sind. Der Kunde bekommt eine Schadensmeldung zur eventuellen Vervollständigung und Unterzeichnung zugesandt.

Epic: Zusammenfassung mehrerer Use Cases

Mit einem Epic (zu Deutsch: Epos) werden im agilen Projektmanagement mehrere, miteinander in Verbindung stehende Anwendungsfälle zusammengefasst. Der Einsatz von Epics bietet folgende Vorteile:

- Zu Beginn eines Projektes können damit leicht Teilbereiche erfasst werden.
- Es können Teile des Produktes auf abstrakter Ebene beschrieben werden, ohne bereits auf konkrete Details eingehen zu müssen.
- Bei größeren Projekten helfen sie, während des Projektverlaufs den Überblick zu behalten.

Beispiel:

Für eine Bank soll ein neuer Online-Auftritt erstellt werden. Dafür werden im ersten Schritt drei Epics festgelegt, nämlich „Kontoführung", „Aktienhandel" und „Versicherungen". Das Epic „Kontoführung" umfasst Anwendungsfälle wie „Kontenübersicht anzeigen", „Umsätze anzeigen" und „Überweisung tätigen".

Geschäftswert und MMF

Die Stakeholder wünschen sich in der Regel für ein Produkt eine ganze Reihe an Merkmalen, die aber nicht alle für sie die gleiche Wichtigkeit bzw. für sie den gleichen Geschäftswert haben. Insbesondere kann es sein, dass eine Anforderung mit relativ wenig Aufwand umgesetzt werden kann, obwohl sie einen relativ hohen Geschäftswert hat. Eine andere erfordert relativ viel Aufwand zur Umsetzung, obwohl sie nur einen relativ geringen Geschäftswert hat.

Daher ist es sinnvoll, den Geschäftswert einer Anforderung zu berücksichtigen, wenn darüber entschieden wird, wann eine Anforderung umgesetzt werden soll. Anforderungen mit hohem Geschäftswert sollten tendenziell in frühe Iterationen gelegt werden. Sie erhöhen dadurch den Kundennutzen des Inkrements und steigern damit auch das Vertrauen der Stakeholder in den agilen Entwicklungsprozess. Auch innerhalb einer Iteration sollten die Anforderungen mit hohem Geschäftswert tendenziell früh bearbeitet werden. Der Grund: Wenn die Arbeiten in der Iteration nicht wie geplant vorankommen, wird der Aufwand reduziert, um den Endtermin der Iteration auf jeden Fall zu halten (vgl. das Kapitel „Die agilen Prinzipien"). In dem gegenüber der Iterationsplanung abgespeckten Inkrement sollten dann natürlich eher Anforderungen mit geringem Geschäftswert fehlen und nicht ausgerechnet diejenigen mit hohem Geschäftswert für den Stakeholder.

Welchen Geschäftswert eine Anforderung hat, können Ihnen letztlich nur die Stakeholder sagen, die die Anforderung eingebracht haben.

Beispiel:

Für die Erstellung eines Marketingkonzepts werden alle Bestandteile des Gesamtprodukts in Kategorien von 1 bis 3 eingeteilt. Diese Kategorien spiegeln den Geschäftswert der zugehörigen Anforderungen wider. Bei der Aufteilung der Anforderungen auf Iterationen wird der Geschäftswert passend berücksichtigt.

Ein Produzent von Haushaltsgeräten stellt alle Anforderungen an ein neu zu entwickelndes Produkt zusammen. Anschließend werden sie gemäß ihres Geschäftswerts in eine strikte Reihenfolge gebracht. Bei der Entwicklung wird dann genau in dieser Reihenfolge vorgegangen. Damit wird gleichzeitig verhindert, dass die Entwicklung nachrangiger Produkteigenschaften die Entwicklung vorrangiger behindert bzw. „verbaut".

In der Praxis kann es natürlich vorkommen, dass verschiedene Stakeholder den Geschäftswert einzelner Anforderungen unterschiedlich einschätzen. Besonders, wenn Sie es mit verschiedenen Stakeholdern – womöglich sogar in verschiedenen Abteilungen oder Firmen – zu tun haben, können Sie hier auch schnell politisch gefärbte Einschätzungen bekommen. Diese versuchen eventuell ihre eigenen Interessen gegenüber denen der anderen durchzusetzen. In solchen Fällen empfiehlt sich ein für alle transparentes Verfahren zum Festlegen der Geschäftswerte für die verschiedenen Anforderungen. Dazu kann beispielsweise eine Besprechung dienen, in der alle Anforderungen mit ihrem aktuell vorgeschlagenen Geschäftswert vorgestellt werden. So sehen die jeweiligen Stakeholder, wo sich ihre Anforderungen insgesamt befinden und können sich auf definitive Geschäftswerte einigen.

Eine andere Betrachtung des Zusammenhangs zwischen Anforderungen und Geschäftswert führt zu dem Begriff der MMF

(Minimally Marketable Features). Dahinter steht die Fragestellung, welche Produkteigenschaften für sich genommen oder in Kombination miteinander bereits ein vermarktbares Produkt ergeben.

Beispiel:

> Ein Hersteller von Computerspielen möchte eine neue Spielidee möglichst schnell auf den Markt bringen. Dazu werden die Funktionen zusammengestellt, die das Spiel mindestens haben muss, um in einer ersten Version erscheinen zu können. Die anderen Funktionen werden erst im Anschluss (also in späteren Iterationen) entwickelt, und als „Extended Version" auf den Markt gebracht. Noch weitere Iterationen ergeben dann die „Deluxe Version".

Das ist insbesondere dann sinnvoll, wenn einzelne Inkremente vorab an den Kunden ausgeliefert oder vermarktet werden sollen.

Beide Techniken, Geschäftswert und MMF, zielen darauf ab, eine möglichst schnelle Amortisierung der erbrachten Aufwände zu erzielen.

Persona: Kunden typisieren

Unter einer Persona versteht man die Beschreibung eines bestimmten Kundentyps als fiktive Person. Damit bündelt eine Persona praktisch eine Reihe bestimmter Kundenbedürfnisse und damit auch spezielle Aspekte von Anwendungsfällen. Dies macht es den Produktentwicklern einfacher, sich in den Kunden hineinzuversetzen. Zudem gibt eine Persona ihnen ein Schlagwort, um sich im Gespräch auf bestimmte Kundenbedürfnisse zu beziehen.

Beispiel:

Ein Hersteller von Reinigungsmaschinen für den Privatbereich nutzt folgende drei Persona: „Frau Sauber" ist das Reinigungsergebnis besonders wichtig und sie schaut nach jedem Reinigungsvorgang in alle Ecken. „Herr Bastler" legt Wert darauf, dass es Ersatzteile für die Maschine gibt und Aufsätze für verschiedene Anwendungsbereiche. „Frau Grün" achtet auf den Energiebedarf und die Geräuschentwicklung.

In diesem Beispiel sind die Beschreibungen der Persona sehr kurz gehalten. In der Praxis kann für eine Persona schnell eine ganze DIN-A4-Seite zusammenkommen. Dabei wird dann ein Personentyp so beschrieben, dass man ihn möglichst lebendig vor Augen hat, mit seinem Alter, seiner Familiensituation und weiteren Details. Ausgangsbasis für solche Beschreibungen können z. B. echte Kundenbefragungen sein. Ob die Einführung von Persona erfolgreich war, merken Sie unter anderem daran, ob die Namen der Persona vom Team tatsächlich während der Produktentwicklung in Diskussionen benutzt werden.

Alles unter Kontrolle: Planning Poker, Burn-Down-Charts & Co.

Das agile Projektmanagement lässt die Änderung von Anforderungen zu und steht gleichzeitig für verlässliche (Teil-)Produktlieferungen. Dazu bedarf es einer realistischen Abschätzung der Aufwände (bzw. Kosten) und einer strikten Kontrolle des Arbeitsfortschritts. In diesem Kapitel lernen Sie agile Techniken kennen, mit denen dies bewerkstelligt werden kann.

Planning Poker: Aufwandsschätzung im Team

Eine wichtige Basis für das agile Projektmanagement sind realistische Aufwandsschätzungen. Denn das Vertrauen des Kunden (und auch Ihrer Organisation) in das agile Projektmanagement können Sie nur gewinnen, wenn Sie Liefertermine einhalten und dabei möglichst nah am vorhergesagten Umfang liegen. Bei aller Flexibilität, die das agile Projektmanagement bietet, ist dies ein wichtiger Fixpunkt für alle Beteiligten.

Planning Poker ist ein Verfahren, das möglichst realistische Aufwandsschätzungen von Experten zum Ziel hat. Zunächst wird dazu ein sog. Schätzteam zusammengestellt. Es besteht idealerweise aus den Personen, die dann auch das Produkt entwickeln.

Die Schätzkarten

Zum Schätzen werden Karten verwendet, wie sie in der folgenden Abbildung zu sehen sind.

Kartensatz für Planning Poker

Die einzelnen Karten haben folgende Bedeutung.

- 0 bedeutet, dass der Schätzende die Aufgabe für zu klein hält. Die Aufgabe sollte also mit anderen zusammengelegt werden.
- Die Zahlen (außer der 0) stehen für einen konkret geschätzten Aufwand (zur Einheit siehe unten).
- ∞ als Zeichen für „unendlich" bedeutet, dass der Schätzende die Aufgabe für zu groß hält. Sie sollte also in mehrere Aufgaben aufgeteilt werden.
- ? bedeutet, dass man die Aufgabe nicht ausreichend verstanden hat. Sie muss also noch einmal genauer erklärt werden.
- Hält jemand die Karte mit der Kaffeetasse hoch, schlägt er eine Pause vor.

Die Zahlenfolge, die etwas ungewöhnlich scheint, ist an die sog. Fibonacci-Reihe angelehnt, bei der jede Zahl aus der Summe der beiden Vorgänger gebildet wird. Mit der Größe der Zahlen nimmt dann auch der Abstand zwischen ihnen zu. Damit wird dem Umstand Rechnung getragen, dass Schätzungen mit wachsender Größe auch immer ungenauer werden. Ob eine Aufgabe 2 oder 3 Tage dauert, kann man noch recht gut abschätzen. Ob eine Aufgabe aber 19 oder 20 Tage dauert, ist bei einer schnellen Schätzung nicht mehr seriös zu entscheiden.

Die typische Einheit für die Schätzung ist „Personentage". Es ist aber natürlich auch möglich, in anderen Einheiten zu schätzen. So kann man dafür auch „Story Points" wählen, die im nachfolgenden Kapitel beschrieben werden.

Ablauf einer Sitzung

Eine Planning-Poker-Sitzung läuft so ab:

Jedes Mitglied des Schätzteams erhält einen kompletten Kartensatz. Der Sitzungsleiter (häufig der Projektleiter) stellt eine Aufgabe vor und bittet dann um die Schätzungen dazu. Alle Teilnehmer bekommen kurz Zeit, um sich für eine Karte zu entscheiden. Dann halten alle gleichzeitig die von ihnen gewählte Karte hoch.

> Sehr wichtig ist, dass alle gleichzeitig die von ihnen gewählten Karten hochhalten. Damit wird verhindert, dass die Teilnehmer sich bewusst oder unbewusst einer zuerst genannten Schätzung anpassen. Dieser Anpassungseffekt ist in der Psychologie unter den Stichworten „Priming" oder „Ankern" wohlbekannt und führt beim Planning Poker zu weniger realistischen Schätzungen.

Der Sitzungsleiter lässt die Teilnehmer mit der niedrigsten und der höchsten Schätzung kurz ihre Entscheidung begründen. Danach geben alle eine neue Schätzung ab. Dabei wählen sie wieder eine Karte, und alle Karten werden wieder gleichzeitig hochgehalten. Im Allgemeinen werden die Schätzungen nun näher beieinander liegen als in der ersten Runde. Liegen die Schätzungen dem Sitzungsleiter noch immer zu weit auseinander, so lässt er wieder die Extrempositionen zu Wort kommen. Er wiederholt das Verfahren so oft, bis sich die Schätzungen angenähert haben.

Beispiel:

> Ein Entwicklungsteam schätzt mittels Planning Poker den Aufwand für die Realisierung eines neuen Ablaufs in einem Webshop. In der ersten Schätzrunde gibt es einen Ausreißer nach unten. Auf Nachfrage begründet der entsprechende Entwickler seine Schätzung damit, dass ein ähnlicher Prozess bereits für einen anderen Kunden realisiert wurde. Nach kurzer Diskussion gibt es eine zweite Schätzrunde. Dabei liegen die Schätzungen näher zusammen und sind im Mittel geringer als in der vorherigen Runde.

Wichtig ist eine gute Moderation bei der Abfrage der höchsten und niedrigsten Schätzwerte. Es geht darum, dass die entsprechenden Teilnehmer ihre Intention bzw. die Gründe für ihre Schätzung erläutern. Sollte es zu kurzen Diskussionen kommen, sollten sie unbedingt konstruktiv bleiben. Äußern sich andere Teilnehmer abwertend dazu, so kann schnell eine Atmosphäre entstehen, in der nur noch „politische" Schätzungen abgegeben werden.

Wenn Sie ein Planning Poker gut durchführen und die richtigen Teilnehmer dabei haben, erreichen Sie zwei wesentliche Dinge:

- Zum einen erhalten Sie realistische Schätzungen, die eine valide Basis für Ihre Projektplanung bilden.
- Zum anderen stehen die Beteiligten anschließend voll hinter den Schätzungen und arbeiten mit entsprechendem Engagement an der fristgerechten Umsetzung der zugehörigen Aufgaben.

Planning Poker steht damit in deutlichem Gegensatz zu einem Verfahren, das häufig von klassischen Projektmanagern eingesetzt wird, nämlich der Schätzung durch einzelne Experten und dem anschließenden Hinzurechnen von Pufferzeiten.

Das häufigste Argument der Gegner von Planning Poker ist folgendes: „Bei uns gibt es in vielen Bereichen Experten, die praktisch als einzige beurteilen können, wie viel Aufwand in bestimmten Aufgaben steckt." In manchen Fällen ist dieses Argument sicher gerechtfertigt, aber nur selten generell. Loten Sie also für Ihr Projekt aus, welche Aufgaben wirklich nur von einem einzelnen Experten geschätzt und erledigt werden können und wo es Möglichkeiten zur gemeinsamen Schätzung und selbstorganisierten Bearbeitung von Aufgaben gibt.

Story Points: abstraktes Maß für Komplexität

Bei den Techniken Task Board, Epics, Anwendungsfälle (Use Cases) und Planning Poker geht es immer auch um Schätzungen. Hierbei stellt sich die Frage, wann in welcher Größeneinheit geschätzt werden soll. Für die Schätzungen einzelner Aufgaben, wie sie dann auf einem Task Board landen, werden als Einheit gemeinhin Personentage genutzt. Für die Schätzung von Epics und Anwendungsfällen werden häufig sog. Story Points eingesetzt. Ein Story Point ist dabei ein abstraktes Maß für Komplexität.

Für viele Entwickler ist das Schätzen von Story Points einfacher als das Schätzen von Personentagen, da es nicht mit dem Gefühl einhergeht, sich bereits auf eine bestimmte Dauer festzulegen. Dies ist natürlich mehr ein psychologischer als ein mathematischer Unterschied.

Im Idealfall haben Sie und Ihr Team eine klare Vorstellung davon, wie viele Story Points Sie in einer Iteration schaffen. Außerdem gelingt es dem Team dann recht genau, neue Anwendungsfälle mit ihrer Komplexität in Story Points abzuschätzen. Dann hätten Sie ein gutes Mittel, um auf der groben Ebene von Anwendungsfällen anzugeben, was Sie in welcher Zeit als Teilprodukt liefern können. Genau dies ist die Zielsetzung von Story Points. Allerdings kann ein Team dies nicht aus dem Stand, sondern muss sich langsam an die Methode heranarbeiten. Denn es müssen ja erst einmal Referenzen für die Schätzung gebildet werden. In der Praxis sind die Schätzungen in Story Points in den ersten Iterationen noch recht ungenau, werden dann aber von Iteration zu Iteration genauer.

Beispiel:

> Ein Team schätzt alle User Stories eines Projektes mit Story Points ab. Einer Story, die vermutlich einen mittleren Entwicklungsaufwand verursacht, gibt es 10 Story Points. Eine andere Story, die etwa halb so aufwändig wirkt, gibt es 5 Story Points. So werden alle Stories abgeschätzt. In der ersten Iteration schafft das Team User Stories mit insgesamt 32 Story Points. Daraus kann es eine Vorhersage für die nächste Iteration ableiten. Abschätzungen für neue User Stories, die zum Projekt dazukommen, werden immer besser, da es dann auch immer mehr Referenz-Stories gibt, an denen das Team sich orientieren kann.

Die Anzahl von Story Points, die ein Team in einer Iteration schafft, wird oft als Team-Velocity (zu Deutsch: Teamgeschwindigkeit) bezeichnet. Betrachtet man die Team-Velocity über einen längeren Zeitraum, erhält man eine Aussage darüber, wie sich die Effektivität eines Teams verändert.

Eine weitere abstrakte Schätzgröße in der agilen Vorgehensweise soll hier auch noch kurz erwähnt werden: In manchen Projekten werden Epics und User Stories in T-Shirt-Größen eingeteilt (z. B. XL für sehr groß, L für groß, S für klein). Damit ergibt sich eine erste Vorsortierung und grobe Aufwandsschätzung.

Timeboxing: Termine halten um jeden Preis

Im agilen Projektmanagement gilt der folgende Grundsatz: Sollte in einem Projekt die Zeit nicht ausreichen (was in der Praxis durchaus häufiger vorkommt), so wird der Umfang möglichst sinnvoll reduziert, damit der Zeitrahmen eingehalten werden kann.

> Während im klassischen Projektmanagement eher Termine nach hinten verschoben werden, wird im agilen Projektmanagement tendenziell Umfang reduziert, um die Projektziele so gut wie möglich zu erreichen.

Das strikte Einhalten vorgegebener Termine ist also bei der agilen Vorgehensweise besonders wichtig und findet durchgehend Anwendung, im Kleinen wie im Großen. So werden Zeiten für Besprechungen, wie z. B. das Daily-Standup, vorher festgelegt und dann strikt eingehalten. Auch der Zeitplan für die Iterationen wird vorab mit den Stakeholdern besprochen und anschließend streng eingehalten (siehe zu diesem Grundsatz auch das Kapitel „Die agilen Prinzipien").

Diese grundsätzliche Vorgehensweise, bei der also der vorgegebene Zeitrahmen um jeden Preis eingehalten wird, wird als Timeboxing bezeichnet. Das Projekt bzw. bestimmte Vorgänge im Projekt erhalten einen festen Zeitrahmen, eine sog. Timebox. Zweck davon ist es, die Effizienz zu erhöhen: Werden die für die Timebox geplanten Inhalte nicht in der vorgegebenen Zeit realisiert, werden sie gestrichen oder in eine neue Timebox verschoben.

Beispiel:

Ein Team hat für eine Iteration 3 Wochen geplant. Wenige Tage vor dem Iterationsende wird deutlich, dass das Team nicht alle für die Iteration geplanten Aufgaben umsetzen kann. Das Iterationsende wird nicht verschoben. Stattdessen wird mit der Projektleitung und dem Kunden besprochen, wie der Umfang für die Iteration noch passend reduziert werden kann.

Ein Team führt eine Retrospektive durch, für die vorab eine feste Besprechungsdauer festgelegt wurde. Schon bald wird klar: Die Teilnehmer haben so viele Ideen, dass für diese die angesetzte Dauer nicht ausreicht. Gemeinsam werden die Ideen nach Wichtigkeit geordnet. Die wichtigsten von ihnen werden innerhalb der angesetzten Zeit besprochen.

Ein starkes Argument für die Anwendung der Technik des Timeboxing ist das Pareto-Prinzip – ein Phänomen, das sich in der Praxis immer wieder beobachten lässt. Vilfredo Pareto (1844–1923) war ein italienischer Mathematiker und Ökonom, der im Auftrag einer Bank deren Kundenstamm untersucht hat. Dabei stellte er fest, dass die Bank 80 % des Umsatzes mit nur 20 % der Kunden macht. Diese 80/20-Regel findet sich in so vielen Lebensbereichen wieder, dass Pareto sie später als allgemeines Prinzip formuliert hat: Mit 20 % Aufwand wird oft 80 % Effekt erzielt; die restlichen 20 % Effekt benötigen 80 % des Aufwands. Dies wirkt sich auch bei der Projektplanung aus: die zunächst geplante Zeit wird mit hoher Wahrscheinlichkeit effektiver genutzt, als die Zeit, die man einen Termin überzieht. Timeboxing, nach dem ein Überziehen verhindert wird, steigert also die Effektivität.

Es gibt noch einen weiteren Effekt, der mit dem Pareto-Prinzip zusammenhängt, ohne dass es auf den ersten Blick ersichtlich ist. Fragt man z. B. einen Entwickler, wie weit er mit seiner Aufgabe ist, so bekommt man häufig die Information von ihm: „Schon ziemlich weit". Manche klassischen Projektleiter rechnen dann mit Teilerfüllungsgraden und schätzen die Aufgabe z. B. zu 75 % als erledigt ein. Insgesamt ergibt sich dann als Bild, dass das Projekt schon recht weit ist. Seltsamerweise dauert es jedoch ziemlich lange, bis aus den 75 % dann 90 % und irgendwann endlich 100 % werden. Hier haben wir praktisch ein Ignorieren des Pareto-Prinzips mit dem Irrglauben, dass bereits 80 % (statt tatsächlich 20 %) der Gesamtzeit vergangen sei, nur weil 80 % des Aufwands erledigt ist. Daher wird im agilen Projektmanagement nicht mit Teilerfüllungsgraden geschätzt, sondern mit kleinen Aufgabenpaketen gearbeitet.

Zusätzlich wird mit der Technik des Timeboxing auch einem Phänomen entgegengewirkt, das in klassisch geführten Projekten sehr verbreitet ist. Dort kommt es nämlich oft zu Meeting-Situationen, in denen der Einzelne sich fragt, warum er in einer Besprechung herumsitzt, statt produktiv zu arbeiten. Neben Produktivität bleibt dabei auch eine gehörige Portion Motivation auf der Strecke. Timeboxing bedeutet hier ganz konkret: Bevor die festgelegte Dauer für das Meeting überschritten wird, wird ggf. während des Meetings die Agenda reduziert.

Timeboxing unterstützt damit zwei wesentliche Aspekte in Projekten, nämlich Effizienz und Zuverlässigkeit. Wenn agiles Projektmanagement rund läuft, können die Kunden sich darauf verlassen, dass sie in genau der verabredeten Zeit das bestmögliche Produkt bekommen.

Burn-Down-Charts: Fortschrittskontrolle leicht gemacht

Wenn Sie die bis hierher vorgestellten agilen Prinzipien und Techniken umsetzen, dann ist dies eine sehr gute Basis für die kontinuierliche Fortschrittskontrolle mittels Burn-Down-Charts. In einem solchen Chart wird der Arbeitsfortschritt im Projekt visualisiert. Am einfachsten lässt sich sein Nutzen an einem konkreten Beispiel verdeutlichen.

Beispiel:

Nehmen Sie an, am Anfang wurde der Aufwand für Ihr Projekt auf 80 Personentage geschätzt. Dann würde das zugehörige Burn-Down-Chart bei 80 PT starten, wie es auch im folgenden Diagramm dargestellt ist.

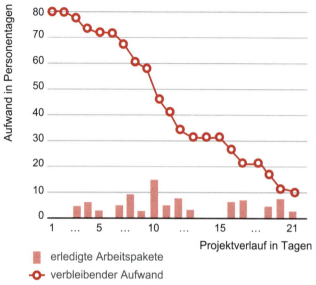

Arbeitsfortschritt im Burn-Down-Chart

Das Prinzip ist einfach: Jedes Mal, wenn ein Arbeitspaket abgeschlossen ist, wird der geplante Aufwand dafür im Chart von dem Gesamtaufwand in Abzug gebracht. Die Kurve kommt bei 0 an, sobald alle Arbeitspakete erledigt sind. Es findet also ein Burn Down (zu Deutsch „Herunterbrennen") des Aufwandbergs statt.

Beispiel:

> Im Beispiel oben könnte das wie folgt aussehen: Am ersten Projekttag gehen Teammitglieder zum Task Board und nehmen sich Arbeitspakete (hängen die entsprechenden Karten nach „In Work"). Am dritten Projekttag ist ein Teammitglied mit einem Arbeitspaket fertig (es hängt die entsprechende Karte auf dem Task Board nach „Done"), für das ein Aufwand von 2 Tagen geschätzt war. Dies wird nun im Diagramm eingetragen und die rote Kurve fällt von 80 auf 78 Personentage (PT). Am vierten Tag ist ein anderer mit einem Arbeitspaket fertig, für das 6 PT geschätzt waren. Die Kurve des verbleibenden Aufwands fällt auf 72 PT. Wenn die gesamte Projektdauer 21 Tagen umfasst, müsste die Kurve idealerweise nach dieser Zeit bei 0 PT ankommen.

Zusätzlich kann man in das Diagramm den idealen Burn Down einzeichnen. Dies ist dann eine Gerade, die ebenfalls bei 0 Projekttagen und 80 PT beginnt und bei geplanter Fertigstellung (im Diagramm unten bei 21 Projekttagen) die 0 PT erreicht. Die Differenz zwischen der idealen Geraden und dem tatsächlichen Verlauf gibt dann den Vorsprung oder (wie in unserem Beispiel) den Verzug zum Plan an.

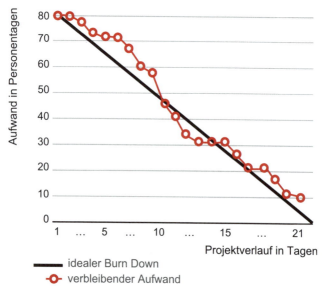

Idealer Burn Down

Das Zeichnen dieses Diagrammes von Hand wäre natürlich eine relativ umständliche Aufgabe. Daher erzeugen viele Software-Werkzeuge zum agilen Projektmanagement, die Task Boards verwalten, solche Burn-Down-Diagramme automatisch aus dem Fortschritt im Task Board. Der Projektmanager behält damit tagesgenau Überblick über den Projektfortschritt.

In meinen Seminaren taucht hin und wieder die Frage auf, weshalb statt des geplanten nicht der tatsächliche Aufwand in das Diagramm eingetragen wird. So könnte man z. B., wenn ein Entwickler 4 Tage für eine Aufgabe gebraucht hat, die mit

3 Tagen geplant war, ja auch 4 Tage in dem Diagramm berücksichtigen. Allerdings wäre dies, genauer betrachtet, ziemlich unergiebig. Denn insgesamt würde man ja dann nur die tatsächlich gearbeiteten Tage verfolgen. Die tatsächlich gearbeiteten Tage entsprechen wiederum – sofern niemand im Team ausgefallen ist – einfach dem idealen Burn Down. Dann hätte das Diagramm keine Aussagekraft mehr. Die Kurve würde an der idealen Burn-Down-Linie bleiben, auch wenn das Projekt in Verzug gerät.

Burn-Down-Diagramme sind ein wichtiges Element im agilen Projektmanagement. Schließlich kommt es hier darauf an, Termine zu halten und bei Schwierigkeiten gegebenenfalls den Umfang zu reduzieren. So gesehen bietet das Burn-Down-Diagramm eine „Umfangtrendanalyse" als Pendant zur klassischen Meilensteintrendanalyse, die es erlaubt, den terminlichen Verzug eines Projektes zu verfolgen.

Definition of Done: Kriterienkatalog für die Fertigstellung

Oben wurde dargestellt, wie ein Team mit einem Task Board arbeiten kann, um den Arbeitsstand zu visualisieren. Darauf bauen dann wieder andere agile Techniken, wie z.B. Burn-Down-Charts, auf. Allerdings funktioniert dies insgesamt nur dann sinnvoll, wenn Aufgaben, die im Task Board zu „Done" gehängt werden, auch wirklich komplett erledigt sind. Vielleicht kennen Sie diese Problematik auch bereits aus Ihren eigenen Projekten. Es bringt die Planung ziemlich durcheinander, wenn Projektmitarbeiter eine Aufgabe als „Done" melden, und sich anschließend (meist zu einem recht ungünstigen Zeitpunkt) herausstellt, dass sie eben doch noch nicht so richtig abgeschlossen ist.

Um dem vorzubeugen, gibt es im agilen Projektmanagement die sog. Definition of Done, kurz DoD. Sie ist eine Übereinkunft aller Teammitglieder, wann genau eine Aufgabe als erledigt angesehen werden kann. Dazu sollte sich das Team auf möglichst konkrete Kriterien einigen. Die Definition of Done ist also eine Art Kriterienkatalog oder eine Checkliste, die festlegt, wann eine Aufgabe als abgeschlossen gilt.

Beispiel:

> Ein Team in einem Softwareprojekt einigt sich darauf, dass Programmieraufgaben erst dann als erledigt („Done") gelten, wenn alle Tests dazu auf unterer, technischer Ebene (sog. Unit Tests) fehlerfrei durchlaufen sind und sich das gesamte Programm immer noch fehlerfrei herstellen lässt (sog. Kompilieren).

Ohne eine passende Definition of Done besteht ein sehr hohes Risiko, am Ende einer Iteration festzustellen, dass einige Aufgaben eben doch noch nicht komplett erledigt sind. Dies kann dann schnell dazu führen, dass Sie nach der Iteration kein sauberes Inkrement ausliefern können. Damit steht und fällt aber das Vertrauen der Kunden und Ihrer Organisation in das agile Projektmanagement.

In Projektfeldern, in denen es keine technisch automatisierbaren Kriterien für die Definition of Done gibt, besteht eine Möglichkeit auch in einem Abzeichnen durch eines oder mehrere andere Teammitglieder. Im einfachsten Fall wäre das dann ein „Vier-Augen-Prinzip".

Beispiel:

 Ein Team in einer Marketingabteilung einigt sich für Teilkonzepte auf die folgende Definition of Done: Die Konzepte gelten erst dann als fertig, wenn sie nicht nur von dem eigentlichen Bearbeiter, sondern auch noch von einem weiteren Teammitglied als fertig eingestuft werden.

Earned Value: Kosten und erledigte Aufgaben auf einen Blick

Earned Value zählt an und für sich zu den Techniken des klassischen Projektmanagements. Es eignet sich aber auch gut für agile Projekte. Ein Earned-Value-Diagramm ist gewissermaßen eine Erweiterung des Burn-Down-Diagrammes. Neben den erledigten Aufgaben, die sich positiv von 0 ansteigend im Diagramm wiederfinden, werden dort auch die laufenden Kosten aufgetragen. Dabei werden die Kosten und die erledigten Aufgaben auf die gleiche Einheit gebracht. Als Einheit können dazu Euro oder Personentage genutzt werden. In dem Beispieldiagramm unten wird als Einheit Euro (EUR) angegeben.

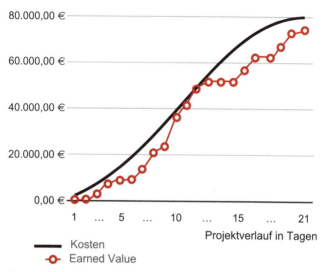

Kostenkontrolle mit Earned Value

Die Grafik erklärt sich wie folgt: Es sind insgesamt 80 Personentage zu leisten und es wird (damit das Beispiel leichter nachzuvollziehen ist) von 1.000 Euro Kosten pro Entwicklertag ausgegangen. Die schwarze Linie gibt die Projektkosten an. In den ersten 7 Tagen arbeiten 3 Entwickler gleichzeitig an dem Projekt. Es entstehen damit Kosten von 21.000 Euro. Dann werden zusätzliche Entwickler auf das Projekt gesetzt und die Kurve steigt bis zum Tag 15 etwas steiler an. Für den Rest des Projektes wird die Anzahl der Entwickler wieder reduziert. Die Folge davon: Die schwarze Kurve flacht ab.

Der roten Kurve liegen die gleichen Werte wie im Beispiel aus dem Kapitel zuvor zugrunde. Nun werden aber hier für jedes erledigte Arbeitspaket die geleisteten Tage mit je 1.000 Euro eingetragen. Die Idee dabei ist, dass für jeden dieser Tage nun ein Gegenwert im Produkt existiert, eben der „Earned Value".

Natürlich lässt sich Earned Value am einfachsten in Projekten einsetzen, bei denen es eine automatische Kontierung auf die Projektkosten gibt. Dann kann man die Kostenkurve direkt aus einem anderen Tool importieren und muss sie nicht von Hand aufstellen. Der Einsatz solcher Kontierungssysteme ist vor allem in technischen Projekten recht verbreitet.

Cumulative Flow und Kanban

Cumulative-Flow-Diagramme werden eingesetzt, um bei mehrstufigen Prozessen Engpässe leicht identifizieren zu können.

Beispiel:

Eine Fluggesellschaft behandelt Regressansprüche in einem mehrstufigen Prozess. Macht ein Passagier einen Anspruch geltend, so wird dieser aufgenommen, bewertet (auf Zulässigkeit), bearbeitet (auf Ersatzanspruchshöhe) und erledigt (also erstattet oder zurückgewiesen). Dieser Prozess soll für alle Ansprüche möglichst zügig ablaufen. Daher darf es auf keiner Stufe zu einem Stau kommen. Genau solche Staus in Prozessen können mit Cumulative-Flow-Diagrammen erkannt werden.

Für jede Stufe des Prozesses werden in einem Cumulative-Flow-Diagramm die Anzahl der anliegenden Arbeitsaufträge eingezeichnet. Ist eine Stufe in dem Diagramm besonders

„dick", so warten dort besonders viele Aufträge. Da das Diagramm über eine Zeitachse gezeichnet wird, kann man sehr schön die Entwicklung der Auftragslage an den verschiedenen Prozessstufen ablesen. In der folgenden Grafik findet sich ein Cumulative-Flow-Diagramm für das Beispiel der Regressansprüche. Aus ihm konnten die Verantwortlichen lesen, dass bei dem Prozessschritt „Bewertung" vorübergehend die meisten Aufträge warten mussten. Um den Gesamtprozess zu beschleunigen, wurden dort mehr Mitarbeiter eingesetzt.

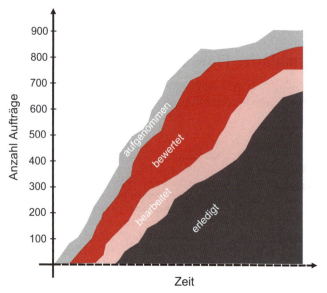

Cumulative-Flow-Diagramm

Cumulative-Flow-Diagramme werden oft im Zusammenhang mit Kanban genutzt. Kanban ist eine Methode zur Prozesssteuerung und -optimierung. Die Methode ist in der Automobilindustrie im Zusammenhang mit dem sog. Lean Management bekannt geworden. Dabei ging es ursprünglich um die Optimierung von Produktionsfluss und Lieferketten mittels Karten (der Begriff Kanban ist japanisch und lässt sich übersetzen mit „Signalkarte"). Die Karten signalisierten dort, wann bei einer Produktionsstufe die Aufträge auszugehen drohten. Die Methode Kanban wurde dann auf das Projektmanagement in anderen Bereichen übertragen.

Kanban wird hin und wieder als agile Methode bezeichnet. Dies träfe jedoch nur zu, wenn der Fokus hier auf der Veränderung der Anforderungen läge. Kanban konzentriert sich jedoch als Methode klar auf die Optimierung des Arbeitsflusses. Des Weiteren trägt Kanban nichts zur Terminwahrung bei, sondern zielt auf einen kontinuierlichen Arbeitsprozess ab. In der Softwareentwicklung wird es daher häufig bei der Fehlerbehebung eingesetzt.

Beispiel:

> Eine Softwarefirma hat die Fehlerbehebung zu einem Produkt mit Kanban organisiert. Der Prozess hat drei Stufen: „Fehler beheben", „Software neu erzeugen" und „Fehlerbehebung testen". Durch eine systematische Auswertung mittels Cumulative Flow zeigt sich, dass der Engpass des Gesamtprozesses beim Testen der Fehlerbehebung liegt. Also werden dort die Ressourcen verstärkt.

Der Mix macht's: Kombination agiler Techniken

In einem optimal passenden Projektumfeld können Sie praktisch alle hier vorgestellten agilen Prinzipien und Techniken einsetzen. In der Praxis sind solche optimalen Bedingungen für agiles Projektmanagement natürlich eher die Ausnahme. Das bedeutet aber nicht, dass es für das Projekt dann gänzlich ungeeignet ist.

Sie können die agilen Techniken auch einzeln verwenden bzw. so miteinander kombinieren, wie es zu Ihrem Projekt passt. Nicht sinnvoll ist es allerdings, willkürlich einige agile Techniken herauszupicken und dann darauf zu hoffen, dass das eigene Projektmanagement damit schon besser werden wird. Ein solches Vorgehen führt dann eher zu typischen Chaos-Projekten, die sich hinter dem Begriff „agil" verschanzen.

Bei einer Kombination der agilen Techniken für Ihr Projekt gilt es zu beachten, dass die Grundideen der agilen Werte und Prinzipien erhalten bleiben. Wenn Sie z. B. Iterationen und Inkremente in einem Projekt einführen, dann sollten Sie dies mit Timeboxing und Reviews kombinieren. Denn die Iterationen machen nur dann wirklich Sinn, wenn sie dabei helfen, das wichtige Feedback der Stakeholder (insbesondere der Kunden) zu bekommen. Und um diese gut einzubinden, ist wiederum Termintreue unverzichtbar.

Welche Technik passt zu Ihrem Projekt?

Letztendlich können nur Sie selbst entscheiden, welche der agilen Prinzipien und Techniken zu Ihrem speziellen Projekt und in das Projektumfeld passen. Dabei sollten Sie sich jeweils von den folgenden Fragen leiten lassen.

Checkliste: Welche agilen Techniken und Prinzipien passen zu meinem Projekt?
Ist die Akzeptanz dafür in meinem Team vorhanden?
Passt der organisatorische Rahmen dafür?
Überwiegt der Nutzen den Aufwand in meinem Projekt?

In den Kapiteln zuvor wurde bereits dargestellt, welche Details bei der Beantwortung dieser Fragen zu beachten sind. Die folgenden Beispiele zeigen, wie dies in der Praxis geschehen kann.

Beispiel:

Nehmen wir an, Sie möchten gerne mit „Planning Poker" arbeiten. Die Frage „Ist die Akzeptanz dafür in meinem Team vorhanden?", spielt vor allem bei dieser Technik eine wichtige Rolle. Vielleicht gibt es Personen im Team, die mit der spielerischen Herangehensweise beim Planning Poker nichts anfangen können. Sie könnten dann in Opposition zu der Technik gehen und die Arbeit damit untergraben.

Sie tragen sich mit der Idee, Daily-Standups einzuführen. Hier sollten Sie bei der Frage „Passt der organisatorische Rahmen dafür?", überlegen, ob die räumliche Verteilung des Teams oder unterschiedliche Arbeitszeiten eine solche Technik zulassen.

Nehmen wir an, es soll ein Task Board eingeführt werden. Vielleicht existiert bereits ein Excel-Sheet, in dem die Tasks festgehalten werden und die Arbeit mit diesem Dokument wird von allen im Projekt als praktikabel erlebt. In diesem Fall wäre der Nutzen eines neu eingeführten Task Boards eher gering, da es ein vorhandenes Werkzeug doppelt. Die Frage „Überwiegt der Nutzen den Aufwand in meinem Projekt?", wäre dann mit Nein zu beantworten.

Wie man agile Prinzipien und Techniken mixt

In meinen Seminaren nehme ich häufig Analysen vor, welche der agilen Prinzipien und Techniken in den Projekten der Teilnehmer angewendet werden können. Dazu führen sich die Teilnehmer ihre Projekte vor Augen und ordnen jedes agile Prinzip und jede agile Technik einer von drei Kategorien zu. Diese Kategorien werden durch rote, gelbe und grüne Karten symbolisiert. Die Karten haben folgende Bedeutung.

Farbkarten für Projektanalyse	
Rote Karten	„Das geht bei uns nicht!"
Gelbe Karten	„Gute Idee, das könnten wir einführen!"
Grüne Karten	„Das nutzen wir schon!"

Die folgende Tabelle zeigt die mögliche Anordnung der Analyse auf einem Whiteboard oder Flipchart. In der obersten Zeile sind die Projekte aufgelistet. Dabei können alle Projekte aufgeführt werden, so z.B. zur Entwicklung von Softwareprodukten, Projekte zu Organisationsprozessen, eine Marketingkampagne oder zur Entwicklung von Maschinen. In der linken Spalte sind agile Prinzipien und Techniken aufgeführt. Wird das Flipchart so angeordnet, kann nun mittels der Farbkarten bestimmt werden, welche agile Techniken bzw. Prinzipien für welche Projekte geeignet sind.

Agile Prinzipien und Techniken	Projekte					
	1	2	3	4	5	6
Planning Poker						
Task Board						
Burn-Down-Charts						
Daily Standups						
Persona						
WIP-Limits						
Use Cases						
...						

Bei solchen Analysen stellt sich häufig heraus, dass Projekte, die Software produzieren, im Allgemeinen am meisten von agilem Projektmanagement profitieren können, und Projekte, in denen Maschinen hergestellt werden, am wenigsten. Die Analyse zeigt jedoch oft, dass auch dort noch eine ganze Menge an agilen Vorgehensweisen möglich ist.

> Finden Sie einen Mix, der zu Ihrem Projekt passt. Agile Prinzipien und Techniken, die immer wieder als besonders wertvoll genannt werden, sind Task Board, Iterationen, Daily-Standup-Meetings, Retrospektiven und Burn-Down-Charts.

Wurden Projekte mit grünen Karten versehen, gilt es für sie die Frage zu beantworten: „Wie genau wird das Prinzip bzw. die Technik bei Ihnen eingesetzt?" Hierbei zeigt sich, dass es meist eigene Varianten sind, in denen dies stattfindet. Oft wurde die Technik auch in dem Projekt bisher gar nicht mit „agil" assoziiert.

Beispiel:

Die Technik der Daily-Standup-Meetings stufen viele meiner Seminarteilnehmer als „grün" ein. Bei der Frage nach dem genauen Einsatz stellt sich dann heraus, dass fast alle es etwas anders machen, als im agilen Projektmanagement gedacht. In manchen Projekten werden beispielsweise tägliche kurze Telefonkonferenzen mit dem Team geführt, andere treffen sich dreimal die Woche zu einem Statusmeeting.

All diese Varianten können sinnvolle Abweichungen zu der eigentlichen agilen Technik sein, wenn das Projektumfeld dies erfordert. Die Betroffenen sollten dann jedoch auch verstehen, welche Nachteile mit der Abweichung einhergehen und ob diese für das individuelle Projekt tragbar sind bzw. ob sie vielleicht durch andere Vorgehensweisen kompensiert werden können.

Neue Techniken einführen

Misslingt die Einführung einer neuen Technik, so ist das für die Projektmitarbeiter und den Projektleiter meist frustrierend. Zudem kann sie in einem Projekt schnell auf Widerstände bei den Teammitgliedern stoßen. In der Praxis hat sich eine Vorgehensweise bewährt, die aus dem Ergebnis des

Der Mix macht's: Kombination agiler Techniken   **125**

Einführungsversuchs auf jeden Fall einen Erfolg macht. Er besteht entweder darin, dass die neue Technik im Projektteam funktioniert, oder darin, dass das Projektteam gemeinsam etwas gelernt hat. Nehmen wir zur Erklärung dieses Vorgehens als Szenario die Einführung eines Planning Pokers an. Diese Technik kann allein aufgrund ihres spielerischen Charakters schnell zu Widerständen im Team führen.

Eine Schätzrunde, die normalerweise mit konventionellen Mitteln arbeitet, könnte vom Projektleiter nun mit folgenden Worten eingeleitet werden: „Heute würde ich gerne einmal eine neue Technik ausprobieren, von der ich weiß, dass sie in manchen Teams sehr gut funktioniert. Ich bin mir nicht sicher, ob sie auch etwas für uns ist, könnte mir aber vorstellen, dass wir davon profitieren. Seid ihr damit einverstanden, dass wir sie heute ausprobieren? Anschließend können wir dann gemeinsam entscheiden, ob wir damit weiterarbeiten wollen.".

Mit einem solchen Intro werden mehrere Dinge erreicht. Von den Teilnehmern wird ein klares Okay dazu abgeholt, etwas Neues auszuprobieren. Die Wahrscheinlichkeit, dass sie dann auch wirklich mitmachen, steigt damit deutlich. Sie bekommen eine klare Perspektive, dass „das Neue" auch einfach wieder gestrichen werden kann, wenn es nicht nützlich ist. Außerdem werden die Teilnehmer quasi als Experten eingebunden, deren Erfahrung wertgeschätzt wird, um zu beurteilen, wie sinnvoll die neue Technik ist.

Nun ist ein organisatorischer Rahmen geschaffen, in dem der Planning Poker vom Projektleiter erklärt und dann von allen ausprobiert werden kann. Dieser Rahmen schützt den Projektleiter vor Angriffen, wie: „Das bringt doch nichts". Konfrontiert mit solchen Aussagen, verweist er einfach darauf, dass ja am Ende genau darüber sowieso noch gemeinsam diskutiert wird. Wichtig ist natürlich, dass dann am Ende tatsächlich eine strukturierte (und vorzugsweise kurze) Diskussion erfolgt. Diese kann dann beispielsweise mit einer Abstimmung darüber enden, ob der Planning Poker noch ein weiteres Mal ausprobiert werden soll.

Falls sie das Ergebnis bringt, dass die Methode für das Team nicht weiter in Betracht kommt, sollte der Projektleiter sich auf keinen Fall rechtfertigen. Das würde den konstruktiven Rahmen wieder zunichtemachen. Abschließend sollte er sich für die Offenheit des Teams gegenüber neuen Methoden und die konstruktive Mitarbeit bei dem Experiment bedanken.

Software-Tools

Es gibt verschiedene Software-Werkzeuge, die die Anwendung agiler Techniken leichter machen. Sie sind uns in den Kapiteln zuvor bereits vereinzelt begegnet. Hier werden sie ausführlicher beschrieben. Zudem wird gezeigt, wie die Tools verschiedene agile Techniken miteinander verknüpfen.

Auf die hier genannten Tools stoße ich in der Praxis besonders häufig. Es gibt jedoch noch viele weitere Programme, und die Entwicklung in diesem Bereich schreitet immens schnell voran. Daher erhebt die hier vorgestellte Auswahl keinen Anspruch auf Vollständigkeit oder Aktualität.

Task Board

Für an unterschiedlichen Standorten arbeitende Teams gibt es eine ganze Reihe von Software-Tools, um ein Task Board im Browser darstellen und gemeinsam daran arbeiten zu können. Ein einfaches Programm ist Trello, das einen schnellen Einstieg ermöglicht und grundlegende Funktionen bietet. Etwas komplexer sind die Programme TargetProcess oder Basecamp, da sie auch Methoden wie Kanban und Scrum (mehr dazu im Kapitel „Die agilen Methoden") unterstützen. Wählt man beispielsweise die Arbeit mit einem Kanban Board aus, so kann man dort festlegen, wie viele Aufgaben ein Entwickler parallel bearbeiten darf. Das Programm warnt dann automatisch, wenn der Entwickler die Vorgabe des Work-in-Progress-Limits zu überschreiten versucht.

Um mit Task Boards zu arbeiten, gibt es auch Erweiterungen für manche verbreiteten Issue-Tracker, auch Ticket Tools genannt. Das sind Programme, mit denen allgemein Vorgänge bzw. Aufgaben nachverfolgt werden können. Als prominente Beispiele seien hier Jira mit der Erweiterung (bzw. dem Plugin) Agile (ehemals Greenhopper) genannt oder das freie Projektmanagement-Tool Redmine mit dem zugehörigen Scrum-Plugin. Die Erweiterungen bieten z.B. die Möglichkeit, Ansichten zu definieren, die für das Backlog Grooming (das Pflegen der Anforderungssammlung bei Scrum) oder Sprint Planning (also die Planung des nächsten Inkrementes bei Scrum) nützlich sind. Die Anwendung von Jira oder Redmine zur Arbeit mit Task Boards lohnt sich sicher nur dort, wo diese Programme ohnehin bereits im Einsatz sind. Sie setzen eine umfangreiche Installation voraus und sind komplex in der Handhabung.

Burn-Down-Charts

Die oben erwähnten Programme TargetProcess und Basecamp unterstützen auch Burn-Down-Charts. Aus den vorhandenen Task Boards können die Burn-Down-Charts automatisch erzeugt werden. Teilweise sind dazu jedoch Plugins (kleine, einzeln installierbare Programmerweiterungen) notwendig.

Chat

Oft werden in Unternehmen bereits komplexere Kooperations-Tools eingesetzt, die auch eine Chat-Funktion beinhalten. Gerne verwendete Software-Lösungen sind hier Lynx, Jabber und SharePoint. In vielen Firmen, die solche Tools einsetzen, wird die Chat-Funktion aber nur wenig oder gar nicht genutzt. Das Potenzial von Chats für die Zusammenarbeit im Team wird häufig unterschätzt.

Planning Poker

Es gibt eine Vielzahl von Tools (als Onlinetools und auch Apps) für das Planning Poker. Ein Beispiel für eine App ist „No Fuss Planning Poker". Jeder Teilnehmer kann die App statt eines Kartenspiels verwenden und dann mit dem Handy eine Karte zeigen.

Software-Tools

Auf einen Blick: Die agilen Techniken

- In Projekten verliert man schnell den Überblick über die anstehenden Aufgaben. Task Boards visualisieren die anstehenden Aufgaben, WIP-Limits sorgen dafür, dass sich niemand zu viel aufbürdet. Daily-Standup-Meetings – kurze Treffen im Stehen, am besten vor dem Task Board – helfen allen im Team dabei, zu wissen wer gerade an welcher Aufgabe sitzt.

- Oft scheitern Projekte, weil nicht klar ist, was die Stakeholder wollen. In Use Cases, zu Deutsch: Anwendungsfällen, werden Anforderungen aus Kundensicht und in deren Worten definiert. Mit der Technik „Persona" lassen sich Kundengruppen und deren Bedürfnisse genau definieren.

- Wirksame Kontrollmechanismen helfen dabei, Aufwände richtig einschätzen zu können. Eine ungewöhnliche Methode das im Team zu tun, ist Planning Poker. Mit Burn-Down-Charts und Earned-Value-Diagrammen kann der Arbeitsfortschritt effektiv verfolgt werden.

- Je nach Projekt und Projektumfeld kann sich ein Mix verschiedener agiler Techniken anbieten. Software-Tools unterstützen ihren flexiblen Einsatz.

Die agilen Methoden

Agile Methoden schaffen den notwendigen Rahmen, innerhalb dessen die Techniken und Prinzipien des agilen Projektmanagements eingesetzt werden können. Sie sorgen damit für eine Grundstruktur, die allen Beteiligten Orientierung gibt.

In diesem Kapitel erfahren Sie,

- welche agilen Methoden es gibt,
- wie Scrum funktioniert,
- was Scrum But ist,
- wie agile Methoden und Techniken gemixt werden können.

Was agile Methoden bewirken

Im Aufbau des agilen Projektmanagements bilden die agilen Methoden die oberste Ebene.

Agile Methoden
geben den agilen Techniken eine Gesamtstruktur hin zum Projektmanagement

Agile Techniken
sind konkrete Verfahren zur praktischen Umsetzung der Werte und Prinzipien

Agile Prinzipien
basieren auf den Agilen Werten und bilden Handlungsgrundsätze

Agile Werte
bilden das Fundament

Bausteine des agilen Projektmanagements

Das Ziel einer solchen Methode ist es, Projekte in einer bestimmten Art und Weise zu managen und sich dabei auf die agilen Techniken, Prinzipien und Werte zu stützen. Genauso ist es auch im klassischen Projektmanagement: Jede Firma, die ein strukturiertes Projektmanagement betreibt, hat eine konkrete Methode entwickelt, wie sie ihre Projekte durchführt. Sie legt fest, welche Dokumente erstellt werden müssen (z.B. Meilensteindiagramm), welche Meetings stattfinden müssen (Projekt-Kick-off-Meeting) usw. Es gibt zwar Mustervorgaben für klassische Projektmanagement-Methoden, aber in der Praxis entwickeln die meisten Unternehmen ihre eigene.

Im Bereich des agilen Projektmanagements wurde eine Vielzahl von Methoden entwickelt, die allerdings fast ausnahmslos auf die Softwareentwicklung zugeschnitten sind. Die folgende Tabelle listet einige wichtige auf. Je weiter oben eine Methode in der Tabelle steht, desto verbreiteter und bekannter ist sie in der Praxis der Softwareentwicklung.

Agile Methoden in der Softwareentwicklung
• Scrum
• Unified Process
• Extreme Programming
• FDD
• RAD
• Agile Enterprise
• AMDD
• DSDM
• EVO

Der Einsatz einer agilen Methode bewirkt, dass Ihr Projektmanagement eine tragfähige agile Grundstruktur bekommt. Sie können die Methode natürlich auf Ihre konkreten Projektbedürfnisse anpassen. Dazu müssen Sie sie allerdings genau verstanden haben, damit die Anpassungen schlüssig sind, also der Zweck der Methode zum Tragen kommt.

Da, wie bereits erwähnt, alle oben gelisteten Methoden direkt auf die Softwareentwicklung zugeschnitten sind, ist ihre Übertragung auf andere Bereiche nur schwer vorstellbar. Die Ausnahme dabei bildet Scrum. Daher wird diese Methode hier genauer vorgestellt.

Scrum

Scrum nimmt eine besondere Stellung innerhalb der agilen Methoden ein. Es stammt aus der Softwareentwicklung, in der es sehr häufig angewendet wird, ist aber so allgemein beschrieben, dass es theoretisch auch in anderen Bereichen eingesetzt werden kann.

Scrum ist kein Modell, das das agile Vorgehen konkret beschreibt, sondern nur ein Rahmenwerk für agiles Prozessmanagement. Damit ist im Wesentlichen gemeint, dass es keine konkreten Techniken, wie z.B. Planning Poker oder Task Boards, vorgibt, sondern nur Rahmenbedingungen, wie z.B. Projektrollen und einen Prozessablauf. Diese Trennung zwischen der Basis von Scrum und den Techniken wurde gewählt, um den Anwendern große Freiheiten bei der individuellen Umsetzung der Methode einzuräumen.

Scrum legt als Rahmenwerk nur wenig fest, so z.B. dass es innerhalb eines Scrum Teams genau drei verschiedene Rollen gibt, deren Verantwortlichkeiten es beschreibt. Es definiert zudem fünf Ereignisse und drei sog. Artefakte. Mit welchen agilen Techniken all dies dann umgesetzt wird, lässt es dagegen offen.

> Scrum ist ein Rahmenwerk für agile Prozesse. Es gibt Strukturen vor, die den erfolgreichen Einsatz des agilen Projektmanagements fördern. Es beschreibt aber nicht die agilen Techniken, die dann in einem konkreten Projekt eingesetzt werden.

In der Praxis entsteht durch Scrum typischerweise der folgende Projektverlauf (siehe hierzu im Einzelnen auch das Kapitel „Wie agiles Projektmanagement funktioniert").

Der Projektverlauf bei Scrum

⬇	1	Alle Anforderungen aus Kundensicht sammeln
⬇	2	Iterationsplanung für Projekt mit Kunde vereinbaren
⬇	3	Teilmenge der Anforderungen für Iteration festlegen
⬇	4	Teilprodukt in Iteration entwickeln
⬇	5	Feedback des Kunden zu Teilprodukt einholen
	6	Planung gemäß Feedback anpassen

Die Schritte 3 bis 6 werden bis zum Projektende wiederholt.

Begriffe aus der Scrum-Welt

Die Scrum-Methode nutzt sowohl Spezialbegriffe als auch einige Begriffe aus der agilen Welt, die Ihnen bereits aus den vorhergehenden Kapiteln bekannt sind. In der folgenden Tabelle sind die wichtigsten Begriffe für einen ersten Überblick aufgeführt und mit kurzen Erklärungen versehen.

Scrum-Methode: Wichtige Begriffe	
Sprint	entspricht einer Iteration
Scrum Master	ist verantwortlich für das Einhalten des Scrum Prozesses
Product Owner	ist als Fachexperte verantwortlich für die Anforderungen
Daily Scrum	ein Daily-Standup-Meeting
Retrospective	ein Meeting zur Rückschau auf den Prozess zwecks kontinuierlicher Verbesserung
Review	ein Meeting, um Feedback zum aktuellen Inkrement zu erhalten
Definition of Done	vom ganzen Team akzeptierte Kriterien, wann genau eine Aufgabe als erledigt gilt
Product Backlog	die für das Produkt insgesamt umzusetzenden Aufgaben bzw. Anforderungen
Sprint Backlog	die für die nächste Iteration (Sprint) umzusetzenden Aufgaben bzw. Anforderungen

Die Artefakte in einem Scrum-Prozess

Der Begriff Artefakte klingt für Sie vielleicht etwas seltsam. Er stammt aus der Softwareentwicklung. Dort sind damit im weiteren Sinne Dateien gemeint, die während der Entwicklung als (Zwischen-)Ergebnis entstehen. Bei Scrum werden als Artefakte die folgenden drei (Zwischen-)Ergebnisse bezeichnet.

- Inkrement: Es entspricht einem Teilprodukt der Entwicklung, wie es durch eine Iteration (Scrum: Sprint) entsteht.
- Product Backlog: Damit werden die für das Produkt insgesamt umzusetzenden Aufgaben bzw. Anforderungen erfasst.
- Sprint Backlog: Das sind die für die nächste Iteration (Sprint) umzusetzenden Aufgaben bzw. Anforderungen.

Inkrement: das Teilprodukt

Ein Inkrement im Scrum-Prozess entspricht weitgehend dem Inkrement, das Sie bereits als agiles Prinzip kennengelernt haben. Es ist also ein Teilprodukt, wie es aus einer Iteration (bei Scrum heißt dies Sprint) hervorgeht. Bei jedem Sprint entsteht ein neues Inkrement. Jedes Inkrement baut auf dem vorhergehenden auf, enthält also alle Produkteigenschaften, die die älteren Inkremente enthielten.

Scrum legt zusätzlich besonderen Wert darauf, dass jedes Inkrement in einem einsatzfähigen Zustand ist, der Kunde es also verwenden könnte, wenn er wollte.

Product Backlog: die Anforderungen an das Produkt aus Kundensicht

Das Product Backlog enthält die Beschreibungen der verschiedenen Anforderungen an das Produkt. Es wird nie als vollständig angesehen, da diese sich im Laufe des Projektes ändern dürfen, um mit den sich ändernden Kundenwünschen Schritt zu halten. Die verschiedenen Anforderungen im Product Backlog sind unterschiedlich genau beschrieben, je nachdem, wie genau sie bereits verstanden wurden. Anforderungen, die detailliert genug beschrieben sind, um umgesetzt zu werden, bezeichnet man als „ready". Sie können in ein Sprint Backlog (siehe dazu den nächsten Abschnitt) übernommen werden. Die Beschreibung einer Anforderung im Product Backlog enthält auch immer eine Schätzung, mit welchem Aufwand sie umgesetzt werden kann. Die Schätzung nehmen diejenigen vor, die für die Umsetzung verantwortlich sind und die entsprechenden Arbeiten erledigen werden.

Für die Kalenderapplikation aus dem Beispiel in Kapitel „Wie agiles Projektmanagement funktioniert" könnten die ersten Einträge des Product Backlog wie folgt aussehen:

Nr.	Name	Schätzung
1	Eine Wochenansicht des Kalenders anzeigen	3 PT
2	Einen neuen Termin (mit Datum, Uhrzeit, Beschreibung) eintragen	5 PT
3	Vorhandene Termine verschieben	2 PT
4	Tagesansicht anzeigen	3 PT
5	Termin löschen	2 PT
6	Feiertage importieren	5 PT

PT = Personentage

Das Product Backlog wird kontinuierlich gepflegt. Dazu gehört, dass es

- immer wieder mit den Wünschen der Stakeholder abgeglichen wird und
- ausreichend Anforderungen im Zustand „ready" enthält, wenn diese für den nächsten Sprint benötigt werden.

Verantwortlich für diese Pflege des Product Backlogs ist die Person, die die Rolle des Product Owners (siehe dazu näher unten) innehat.

Auch geplante Verbesserungen und Fehlerbehebungen an dem Produkt, die sich z.B. aus einem Sprint Review ergeben können, werden in das Product Backlog aufgenommen.

Die Einträge (also Produktanforderungen) im Product Backlog sind geordnet, also durchnummeriert. Dadurch ist klar ersichtlich, wie wichtig Anforderungen im Verhältnis zueinander sind. Selbst wenn einem zwei Anforderungen gleich wichtig erscheinen, muss man sich vor dem Eintrag im Product Backlog für eine Reihenfolge entscheiden. Da die Anforderungen aus Kundensicht beschrieben sind, kann dieser auch Aussagen zu der für ihn richtigen Reihenfolge machen.

Sprint Backlog: Basis für die konkreten Arbeiten

Das Sprint Backlog beschreibt die Arbeiten, die für das aktuelle Inkrement (bei Scrum Sprint genannt) geplant sind. Dazu werden in einem speziellen Meeting (Sprint Planning, siehe dazu näher unten) passende Anforderungen aus dem Product Backlog ausgewählt. Daraus werden dann konkrete

Aufgaben abgeleitet, so dass deutlich wird, wie genau das Ziel des Sprints erreicht werden kann. Dazu müssen natürlich auch die Aufgaben mit einer konkreten Dauer abgeschätzt werden. Das Team aktualisiert das Sprint Backlog während eines Projektes fortlaufend. Daher wird durch einfaches Aufsummieren der Aufwandsschätzungen aller noch ausstehenden Aufgaben leicht ersichtlich, ob ein Team aktuell im Plan liegt.

> Das Sprint Backlog beschreibt stets aktuell die ausstehenden Arbeiten und deren geschätzte Dauer. Durch das Aufsummieren dieser Werte lässt sich jederzeit abschätzen, wie viel Arbeit noch zu erledigen ist, und ob die geplante Zeit bis zum Ende des Sprint dazu ausreicht.

Das Sprint Backlog gehört denjenigen, die die Anforderungen umsetzen, und darf auch nur von ihnen verändert werden. Da sie sich nur um die Aufgaben im Sprint Backlog kümmern (müssen/sollen), ist es somit nicht erlaubt, von außen neue Aufgaben an sie heranzutragen.

Im oben angeführten Beispiel eines Product Backlogs gab es den Eintrag „Einen neuen Termin (mit Datum, Uhrzeit, Beschreibung) eintragen". Im Sprint Backlog könnte dieser Eintrag nun in folgende Aufgaben herunter gebrochen sein:

Aufgabe	Schätzung
Dialog für Termineingabe erstellen	1 PT
Datenbankschema für Termine erstellen	2 PT
Verbindung Dialog zu Datenbank	1,5 PT
Termineingabe testen	0,5 PT

PT = Personentag

Die Rollen in einem Scrum Team

Scrum gibt drei Rollen für das Team vor, nämlich

- einen Scrum Master,
- einen Product Owner und
- das Development Team.

Um Rollenkonflikte zu vermeiden, sollten der Scrum Master und der Product Owner nicht ein und dieselbe Person sein, auch wenn Scrum das nicht explizit festlegt. Zwischen diesen Rollen kann es leicht zu einem Interessenskonflikt kommen, da der Scrum Master z.B. für ein striktes Einhalten von Prozessen steht und der Produkt Owner z.B. für die Umsetzung möglichst vieler Kundenwünsche.

Beispiel:

Der Product Owner hat mit dem Kunden eine neue Anforderung abgesprochen, die diesem sehr wichtig ist. In einem Projektmeeting versucht der Product Owner nun durchzusetzen, dass die neue Anforderung in dem aktuellen Sprint (Iteration) umgesetzt wird. Der Scrum Master verhindert diese kurzfristige Planungsänderung, da solch einen Änderung des aktiven Sprint Backlogs im Scrum Prozess nicht zulässig ist.

Ansonsten sind Doppelrollen bei Scrum möglich und auch gängige Praxis.

Beispiel:

Eine Abteilung mit fünf Mitarbeitern entwickelt ein Produkt nach der Scrum-Methode. Alle fünf Mitarbeiter sind in der Rolle Development Team, arbeiten also direkt an der Produktentwicklung mit. Einer der Mitarbeiter ist zusätzlich Product Owner und ein anderer zusätzlich in der Rolle des Scrum Masters.

Der Scrum Master

Scrum legt fest, dass es in einem Scrum Team genau einen Scrum Master gibt. Er ist dafür verantwortlich, dass die Regeln des Scrum-Prozesses eingehalten werden. Zudem unterstützt er alle wichtigen Stakeholder dabei, die Auswirkungen des Scrum-Prozesses auf ihre Arbeit zu verstehen. Wenn jemand rund um ein Scrum Team unsicher ist, wie er nun, da mit dieser Methode gearbeitet wird, eine Aufgabe zu erledigen hat, so ist der Scrum Master der richtige Ansprechpartner für diese Fragen.

> Der Scrum Master sorgt dafür, dass der Scrum-Prozess richtig eingesetzt wird. Er ist Ansprechpartner für alle Fragen zu diesem Prozess.

In der offiziellen Beschreibung des Scrum-Prozesses (siehe http://www.scrum.org/Scrum-Guide) werden die Verantwortlichkeiten eines Scrum-Masters genau aufgelistet. In der folgenden Tabelle sind einige wichtige daraus zusammengefasst.

Wichtige Verantwortlichkeiten eines Scrum-Masters
■ Verständnis schaffen für die Notwendigkeit klarer, prägnanter Product-Backlog-Einträge im Scrum Team
■ Vermitteln des richtigen Verständnisses von Agilität und ihrer Anwendung
■ Coachen des Entwicklungsteams hin zu Selbstorganisation und funktionsübergreifender Teamarbeit
■ Beseitigen von Hindernissen, die das Entwicklungsteam aufhalten

Wichtige Verantwortlichkeiten eines Scrum-Masters

- Leiten und Coachen der Organisation bei der Einführung von Scrum

- Möglichkeiten zur Produktivitätssteigerung des Teams identifizieren

Der Product Owner

In jedem Scrum Team gibt es genau einen Product Owner. Er muss nah am Kunden sein und dessen Anforderungen kennen. Denn er ist dafür verantwortlich, dass das Team alles an Wissen über das Produkt erhält, das es für die Entwicklung benötigt.

> Der Product Owner benötigt ein sehr genaues Wissen über das Produkt. Er muss für die Entwickler kurzfristig erreichbar sein, wenn sie Klärungsbedarf zu den Produktanforderungen haben.

Damit der Product Owner seine Aufgabe erfolgreich erledigen kann, müssen die Entwickler und die gesamte Organisation seine Entscheidungen zu den Produktanforderungen respektieren. In vielen Firmen gibt es die Rolle eines Produktmanagers, die in Bezug auf das Fachwissen mit der eines Product Owners vergleichbar ist.

Der Product Owner ist in einem Scrum-Prozess insbesondere für das Product Backlog verantwortlich, in dem die Anforderungen an das Produkt stehen. In der offiziellen Beschreibung des Scrum Prozesses (http://www.scrum.org/Scrum-Guide) werden seine Verantwortlichkeiten für das Product Backlog genauer aufgelistet. Im Folgenden die wichtigsten:

- Sicherstellen, dass das Entwicklungsteam die Product-Backlog-Einträge im nötigen Maße versteht

- Die Einträge im Product Backlog so sortieren, dass Ziele optimal erreicht werden können

- Sicherstellen, dass das Product Backlog für alle sichtbar und verständlich ist und dass Klarheit darüber besteht, woran das Scrum Team als nächstes arbeiten wird

Das Development Team

Die Rolle „Development Team" entspricht der gängigen Rolle eines Entwicklers, der die Anforderungen in das fertige Produkt umsetzt. Die Besonderheit bei Scrum ist natürlich eine höhere Verantwortung der Entwickler für die eigenen Aufgaben und für den Gesamtprozess: Sie bestimmen mit, an welcher Aufgabe sie als nächstes arbeiten und sind auch dafür verantwortlich, dass diese im Verhältnis zu den aktuellen Aufgaben der anderen Entwickler sinnvoll ist. Dies bedeutet z.B., dass sie selbstständig Abhängigkeiten zwischen den Aufgaben berücksichtigen. Im klassischen Projektmanagement wäre es der Projektleiter, der solche Reihenfolgen in einem Projektstrukturplan festlegt.

Ein wesentliches Merkmal des Development Teams bei Scrum ist also die Selbstorganisation. Das Team übernimmt deutlich mehr Verantwortung für den Gesamtprozess als im klassischen Projektmanagement. Scrum gibt strenge Regeln vor, die die Autonomie des Teams schützen. Zwei wichtige Regeln sind:

1 Die Entwickler arbeiten ausschließlich nach den fachlichen Angaben des Product Owners.
2 Die Entwickler dürfen nicht von außerhalb des Scrum Prozesses zusätzliche Aufgaben bekommen.

Beispiel:

> Ein Entwickler eines Scrum Teams arbeitet gerade an einer konkreten Aufgabe. Sein Abteilungsleiter bittet ihn, einen halben Tag an einem neuen Angebot mitzuwirken. Der Entwickler lehnt dies mit Verweis auf den Scrum-Prozess freundlich ab. Da der Abteilungsleiter nicht locker lässt, ruft der Entwickler den Scrum Master dazu, um eine Scrum-konforme Lösung zu finden. Nun ist es an dem Scrum Master, sich vor den Entwickler zu stellen.

In der offiziellen Beschreibung des Scrum-Prozesses werden verschiedene Grundsätze für das Development Team festgelegt. In der folgenden Tabelle sind einige wichtige daraus zusammengefasst.

Wichtige Grundsätze für Development Teams

- Niemand (nicht einmal der Scrum Master) schreibt dem Development Team vor, wie es aus dem Product Backlog das Produkt entwickelt.
- Scrum kennt keine weiteren Unterteilungen innerhalb des Entwicklungsteams, ungeachtet von bestimmten fachlichen Spezialisierungen, wie „Test" oder „Analyse". Es gibt keine Ausnahmen von dieser Regel.
- Einzelne Mitglieder des Entwicklungsteams können zwar spezialisierte Fähigkeiten oder Spezialgebiete haben, aber die Rechenschaftspflicht obliegt dem Team als Ganzem.

Diese Form der Arbeit ist natürlich nicht in beliebig großen Teams möglich. Scrum zieht die Grenze für eine sinnvolle Teamgröße bei neun Entwicklern.

Und wer ist Projektleiter?

Vermutlich ist Ihnen aufgefallen, dass die Rolle des Projektleiters bei Scrum fehlt. Das hat mehrere Ursachen: Zum einen ist Scrum eine Methode zum Prozessmanagement und nicht zum Projektmanagement. Das Prozessmanagement kann also in ein Projektmanagement eingebettet sein. Letzteres hat dann auch einen Projektleiter. Diese Erklärung mag ein wenig akademisch klingen, ist aber in vielen Unternehmen Praxis. In wieder anderen Firmen werden die Verantwortlichkeiten eines klassischen Projektmanagers auf die Scrum-Rollen verteilt. Dabei landen dann typischerweise die meisten dieser Verantwortlichkeiten bei dem Scrum Master. Insgesamt sollte durch die Selbstorganisation des Teams ohnehin weniger Management nötig sein.

> Wenn es einen Projektmanager über einem Scrum Team gibt, so ist es wichtig, dass er die agilen Methoden verstanden hat und berücksichtigt. Ein Projektmanager, der mit klassischen Methoden agile Teams auszusteuern versucht, ist ein typischer Stolperstein in der Praxis.

Die „Ereignisse" in einem Scrum-Projekt

Unter Ereignissen (man könnte auch sagen Aktivitäten) versteht Scrum Iterationen, die dort Sprints heißen, und verschiedene Meetings, die mit Sprints im Zusammenhang stehen.

Sprints

Ein Sprint im Scrum entspricht einer Iteration, wie Sie sie im Kapitel „Die agilen Prinzipien" kennengelernt haben. Während eines Sprints wird also vom Scrum Team ein Teilprodukt entwickelt. Ein Sprint darf bei Scrum höchstens einen Monat dauern. Die verschiedenen Sprints innerhalb eines Scrum-Prozesses sollten die gleiche Dauer haben. Dabei schließen die Sprints zeitlich direkt aneinander an.

Zu Beginn eines Sprints wird genau festgelegt, welche Anforderungen im Sprint umgesetzt werden sollen. Währenddessen dürfen dann keine neuen Anforderungen hinzukommen.

Beispiel:

Der Product Owner eines Scrum Teams sitzt mit dem Kunden in einem Meeting. Der aktuelle Sprint von vier Wochen Dauer läuft seit einer Woche. Der Kunde war kürzlich auf einer Messe und hat eine neue Idee für das Produkt mitgebracht, die ihm ganz wichtig ist. Es handelt sich aus Kundensicht „auch nur um eine Kleinigkeit", und am liebsten hätte er die entsprechende Anforderung im aktuellen Sprint umgesetzt. Der Product Owner nimmt die Anforderung auf und macht dem Kunden klar, dass sie frühestens mit dem nächsten Sprint umgesetzt werden kann.

Wichtige Regeln für einen Sprint sind zusammengefasst die folgenden:

- Ein Sprint dauert höchstens einen Monat.
- Während eines Sprints werden keine neuen Anforderungen von außen in das Scrum Team gegeben.
- Falls nötig, kann der Umfang eines Sprints vom Scrum Team angepasst werden.

Zu einem Sprint sind verschiedene Ereignisse vorgeschrieben, die im Allgemeinen in Form von Meetings stattfinden:

- Sprint Planning
- Daily Scrum
- Sprint Review
- Sprint Retrospective

In der Praxis findet parallel zu den Sprints oft das sog. Backlog Grooming statt. Dabei werden die Einträge im Product Backlog für das Sprint Backlog vorbereitet (also beispielsweise die Beschreibungen verfeinert). Es können dann auch Einträge im Product Backlog verändert werden, um die Gesamtplanung an veränderte Kundenwünsche anzupassen.

Sprint Planning

Zu Beginn eines Sprints wird während eines sog. Sprint Planning Meetings geplant, welche Anforderungen während des aktuellen Sprints umgesetzt werden sollen. In diese Planung wird das gesamte Scrum Team einbezogen. Damit soll insbesondere erreicht werden, dass alle Teammitglieder dann auch hinter der Planung des Sprints stehen und motiviert und eigenverantwortlich an der Zielerreichung mitarbeiten.

Es geht bei diesem Termin darum festzulegen, welche Anforderungen des Product Backlogs in das aktuelle Sprint Backlog genommen werden. Das Development Team ist dafür verantwortlich einzuschätzen, welche Arbeiten für den Sprint realistisch erledigt werden können. Der Product Owner ist dabei für die Klärung der ausgewählten Product Backlog-Einträge zuständig, falls dem Team unklar ist, welche Produkteigenschaften genau der Kunde sich unter einem bestimmten Backlog-Eintrag vorstellt. Am Ende der Planung hat das Scrum Team ein klares Bild, wie das Teilprodukt (Inkrement) am Ende des Sprints aussehen soll und wie dieses Ziel vom Development Team erreicht wird.

> Das Team hat eine aktive Rolle bei der Planung des Sprints. Dadurch übernimmt es die Verantwortung für die Zielerreichung (also das zu erstellende Teilprodukt) und dafür, dass es dieses Ziel selbstorganisiert erreicht.

Der Scrum Master ist für die richtige Durchführung des Sprint Plannings verantwortlich. Dazu gehört auch das Einhalten des von Scrum vorgesehenen Zeitfensters für das Sprint Planning, was auch im Sinne eines strikten Timeboxings ist. Bei einem einmonatigen Sprint sind dafür 8 Stunden vorgesehen, ansonsten entsprechend weniger.

Daily Scrum

Der Daily Scrum ist ein Daily-Standup-Meeting, das der Koordination des Scrum Teams dient. Insbesondere geht es dabei für jedes Mitglied des Development Teams um die folgenden Fragen:

- Wer hat seit dem letzten Daily Scrum was genau erreicht?
- Wer arbeitet heute woran?
- Wer hat Probleme, die ihn aufhalten?

Sollte ein Entwickler aktuell ein Problem haben, das ihn beim Erreichen seiner Ziele hindert (Scrum spricht hier von sog.

Impediments), werden vom Team konkrete Gegenmaßnahmen bzw. eine Unterstützung geplant. Das Team nutzt das Daily Scrum außerdem, um die teamübergreifende Planung der Arbeiten zu überprüfen und ggf. anzupassen.

Ein gutes Daily Scrum sorgt dafür, dass das Scrum Team reibungslos arbeitet und der Scrum Master auf dem Laufenden bleibt. Es macht dadurch viele andere Meetings überflüssig.

Scrum legt als Dauer für das Meeting 15 Minuten fest. Es soll täglich jeweils zur gleichen Zeit und am gleichen Ort statt-finden. Für die richtige Durchführung des Meetings und das Timeboxing ist wiederum der Scrum Master verantwortlich.

Sprint Review

Das Sprint Review entspricht im Wesentlichen dem Review, wie Sie ihn im Kapitel „Die agilen Prinzipien" kennengelernt haben. In diesem Meeting stellt das Scrum Team zum Ende eines Sprints den wichtigen Stakeholdern das entwickelte Teilprodukt vor.

Beim Sprint Review sehen die Stakeholder den aktuellen Arbeitsstand des Projekts und können bezogen auf die Pro-jektziele nachsteuern. Das bedeutet natürlich, dass sich das Product Backlog während eines Sprint Reviews ändern kann. Dies ist sogar gewünscht. Am Ende des Sprint Reviews ist das Product Backlog für den nächsten Sprint vorbereitet und spiegelt das gewünschte Zielprodukt der Stakeholder unter den aktuellen Rahmenbedingungen, wie z.B. der Marktlage, wider.

Der Scrum Master ist für die richtige Durchführung dieses Termins verantwortlich. Bei einem einmonatigen Sprint sind für das Sprint Review 4 Stunden vorgesehen, ansonsten entsprechend weniger.

Sprint Retrospective

Das Prinzip der Retrospektive haben Sie bereits im Kapitel „Die agilen Prinzipien" kennengelernt. Bei diesem Meeting geht es darum, dass das Scrum Team die Zusammenarbeit im Team sowie Werkzeuge und Prozesse zu dieser Zusammenarbeit reflektiert. Das Ziel ist es, daraus konkrete Verbesserungsmaßnahmen für den kommenden Sprint abzuleiten. Die Sprint Retrospective findet zwischen dem Sprint Review des aktuellen Sprints und dem Sprint Planning des kommenden Sprints statt. Scrum legt als maximale Dauer bei einem einmonatigen Sprint für das Meeting 3 Stunden fest. Die Verantwortung für die richtige Durchführung liegt beim Scrum Master.

Als Scrum Master sollten Sie eine Sprint Retrospective stets mit der Frage starten, was im vergangenen Sprint gut gelaufen ist. Arbeiten Sie sich dann von dort zu möglichen Verbesserungen vor. Verbesserungsvorschläge können natürlich auch während eines Sprints auftauchen und umgesetzt werden. Die Retrospektive ist nur eine formale Gelegenheit dazu. Aber hüten Sie sich davor, sie wegzulassen, auch wenn „alles ganz okay läuft". Denn dann verpassen Sie eine wichtige Gelegenheit sich auszutauschen.

Techniken und Zusatzregeln für Scrum

Timeboxing

Bemerkenswert bei Scrum ist die Striktheit, mit der Timeboxing, also das Einhalten von festgelegten Zeitfenstern, verlangt wird. So sind für alle Ereignisse – Sprints, Daily Scrums etc. – vom Scrum Master Zeiten vorgesehen, die streng eingehalten werden müssen. Siehe näher zum Timeboxing das Kapitel „Die agilen Techniken".

Definition of Done

Die Entwickler bearbeiten Aufgaben im Sprint Backlog und entscheiden selbstständig, wann diese Aufgaben erledigt sind. Damit das Produkt am Ende auch wirklich funktioniert, einigt sich das gesamte Scrum Team zu Beginn des Prozesses darauf, wann genau eine Aufgabe als erledigt gilt. Diese gemeinsam abgestimmte Sichtweise wird „Definition of Done" genannt.

Beispiel:

> Ein Scrum Team entwickelt eine Software. Das Team einigt sich darauf, dass eine neue Programmfunktion erst dann erledigt ist, wenn es ausreichend automatische Tests für diese Funktion gibt und alle diese fehlerfrei laufen. Außerdem muss die Integration in das Gesamtprogramm fehlerfrei möglich sein. Diese Voraussetzungen sind dann die „Definition of Done" des Teams.

In der Praxis führt eine fehlende Einigung darüber, wann eine Aufgabe tatsächlich fertig ist, häufig zu erheblichen Reibungsverlusten. Denn dadurch entstehen zum einen Produktfehler, die erst später bemerkt werden, und zum anderen fehlerhafte Schätzungen zur Zielerreichung. Eine gute Definition of Done hilft dabei, eine hohe Produktqualität zu erreichen.

Unveränderlichkeit

In der offiziellen Beschreibung von Scrum steht ausdrücklich, dass die Rollen, Artefakte, Ereignisse und Regeln von Scrum unveränderlich sind. Werden daran Änderungen vorgenommen oder werden in einem Projekt nur einzelne Bestandteile von Scrum eingesetzt, so ist das Ergebnis nicht mehr Scrum. Als Begriff für diese angepassten Lösungen wird „Scrum But" verwendet.

Scrum But

Wenn Sie Rollen, Artefakte, Ereignisse oder Regeln von Scrum verändern oder einfach weglassen, dann ist das Ergebnis ein Prozess, der als „Scrum But" (übersetzt: „Scrum, aber") bezeichnet wird. Der Begriff ist entstanden, weil in Unternehmen in solchen Fällen gerne Sätze fallen wie z.B.:

- „We are using Scrum, but we do Daily Scrums only once a week." (zu Deutsch: „Wir nutzen Scrum, aber führen den Daily Scrum nur einmal in der Woche durch.")

- „We are using Scrum, but we have two Product Owners instead of only one." (zu Deutsch: „Wir nutzen Scrum, aber wir haben zwei verschiedene Product Owner.")

Folgende Abweichungen von Scrum kommen in der Praxis immer wieder vor:

- Der Product Owner ist kein Teammitglied.
- Es gibt mehrere Product Owner.
- Es kommen Anforderungen während eines Sprints hinzu.
- Sprints folgen nicht direkt aufeinander.
- Es gibt einen klassischen Projektleiter über dem Scrum Team.
- Der Product Owner hat nicht genug Produktwissen.

Es gibt unzählige Projektteams, die von sich behaupten, Scrum zu nutzen. Tatsächlich praktizieren aber über 90 % davon „Scrum But". Kurz erklärt liegt das daran, dass in der Praxis Rahmenbedingungen für Projekte existieren, die nicht so recht zu Scrum passen. Viele dieser Projekte arbeiten dennoch sehr erfolgreich mit der Methode, weil sie die Abweichungen verstanden haben und bewusst damit umgehen.

Andere Projekte weichen in kritischen Punkten von Scrum ab und verlaufen dann weniger erfolgreich. Die hier genannten Abweichungen sind kritisch und sollten auf jeden Fall vermieden werden.

Product Owner außerhalb des Teams

Häufig liegt die Fachexpertise für das Produkt bei jemandem, der aus organisatorischen Gründen nicht für das Entwicklungsteam abgestellt werden kann. Diese Person wird dann dennoch Product Owner und soll für das Team „möglichst gut" ansprechbar sein.

Beispiel:

 Eine Entwicklungsabteilung bekommt eine Dame aus dem Verkauf als Product Owner zugewiesen. Sie scheint eine optimale Wahl zu sein, da sie die Wünsche der Kunden an das Produkt exzellent kennt. Bereits in den ersten Besprechungen kann sie dem Team viele wertvolle Hinweise liefern. Im Laufe der Entwicklung kommt es dann immer häufiger zu der Situation, dass sie nicht erreichbar ist, weil sie auf Messen und Kundenveranstaltungen unterwegs ist. Dadurch wird die Entwicklung zunehmend aufgehalten, weil wichtige Detailentscheidungen zu dem Produkt aufgeschoben werden müssen, bis die Expertin wieder erreichbar ist.

Im Projektalltag kommt es, wie das Beispiel zeigt, immer wieder zu Verzögerungen, weil der Product Owner in alle möglichen anderen Arbeitsprozesse eingebunden und daher de facto nur sehr schlecht verfügbar ist.

Mehrere Product Owner

In Unternehmen gibt es oft mehrere Wissensträger, die nur gemeinschaftlich die Gesamtsicht auf die Produktanforderungen haben. Dann werden manchmal mehrere Product Owner benannt. In der Praxis kommt es bei solchen Konstellationen schnell zu Unklarheiten bei Absprachen mit und zwischen den Product Ownern.

Beispiel:

> Eines meiner Seminare fand in einem Unternehmen statt, das Software für Kassensysteme herstellt. Seine Kunden sitzen unter anderem in Deutschland, Australien und den USA. In allen Kontinenten sollte ein möglichst einheitliches System eingeführt werden. Jedoch sollten auch die jeweiligen besonderen Anforderungen dort berücksichtigt werden. Es gab für jeden Kontinent einen Product Owner. Bald stellte sich heraus, dass die Zusammenarbeit zwischen ihnen aufgrund der räumlichen Distanz und der unterschiedlichen Zeitzonen hohen zeitlichen Aufwand erforderte und sehr kompliziert war.

Bei solchen Rahmenbedingungen stößt Scrum klar an seine Grenzen.

Neue Anforderungen im Sprint

Oft wird es nicht überall in der Organisation akzeptiert, dass während der einzelnen Sprints keine neuen Anforderungen dazukommen dürfen. Häufig wird dann einfach von oben „angeordnet", einzelne Produktanforderungen ungeplant im aktuellen Sprint umzusetzen. Es gehört dann für den Scrum Master schon einiges dazu, sich dem erfolgreich entgegenzustellen. Kann er das nicht, weil er zu schwach ist, keine Rückendeckung in der Organisation hat oder schlicht die politische Notwendigkeit besteht, die Anforderungen schnell umzusetzen, kann das Vertrauen des Teams in die Selbstorganisation und die Verlässlichkeit der Prozesse erschüttert werden. In der Folge ist es dann oft demotiviert und hält sich auch selbst nicht mehr zuverlässig an die Prozesse.

Klassischer Projektleiter über Scrum Team

Häufig ist der Scrum-Prozess in einen größeren Kontext des Projektmanagements eingebunden, in dem es auch einen Projektleiter gibt, der für das Scrum Team verantwortlich ist. Formal gesehen ist das kein Verstoß gegen die Scrum-Regeln, jedoch ein ernsthaftes Problem für den Praxiseinsatz von Scrum: Wenn dieser Projektleiter das Vorgehen und die Philosophie von Scrum nicht genau verstanden hat, sondern auf klassischen Instrumenten besteht, kommt es unweigerlich zu Schwierigkeiten. Der Scrum Master wird dann schnell in Konflikt mit dem Projektleiter geraten, beispielsweise wenn der Projektleiter auf zusätzlichen Meetings (z. B. wöchentliches Teammeeting) oder Dokumentationen (z. B. Pflichtenheft) besteht, die Scrum nicht vorsieht. Der Scrum Master hat nämlich die Pflicht, das Team vor solchen zusätzlichen Aufgaben zu schützen. Überall dort, wo der Scrum Master sich nicht durchsetzen kann, wird dann das Team schnell unzufrieden werden. Schließlich kann es bei zusätzlichen Aufgaben seine Sprintplanung nur mit Mehrarbeit oder im schlimmsten Fall gar nicht mehr einhalten.

Dahinter steht oft ein noch viel größeres Problem: nämlich, dass Scrum nicht in der gesamten Organisation verstanden und akzeptiert wird. Das ist in Unternehmen häufig anzutreffen.

Product Owner mit mangelndem Produktwissen

Scrum kann offensichtlich nur dann funktionieren, wenn der Product Owner ein gutes Verständnis von dem Produkt hat. Ausschließlich dann kann er seinen Beitrag zur Beschreibung der Anforderungen leisten und den Entwicklern Rückfragen dazu kompetent beantworten. In manchen Scrum Projekten werden Personen zu Product Ownern ernannt, die nicht über das entsprechende Wissen verfügen. Typische Gründe dafür sind z.B., dass die eigentlichen Experten, die das Wissen tatsächlich haben, in einem anderen Projekt gebunden sind, oder dass das Wissen nur bei einem externen Kunden besteht, der aber nicht als Product Owner gewonnen werden kann.

Auch hier handelt es sich zwar nicht um einen formalen Verstoß gegen die Scrum-Regeln, jedoch wieder um ein ernsthaftes Problem für den Praxiseinsatz von Scrum. In der Folge kommt es dann immer wieder zu Situationen, in denen das Team eine konkrete Nachfrage zu einem Backlog-Eintrag hat, die der Product Owner nicht korrekt oder nur mit Zeitverzug beantworten kann. Antwortet er falsch, ist dann eventuell der Kunde im Review unzufrieden mit dem Produkt oder es wird eine nutzlose Produkteigenschaft entwickelt. Kommt die Antwort erst zeitverzögert, müssen die Entwickler warten und kommen, wenn sich dies häuft, insgesamt mit ihrer Arbeit langsamer voran.

Sprints folgen nicht direkt aufeinander

In manchen Projekten werden zwischen den Sprints Phasen eingeschoben, um Fehler am Produkt zu beheben, die während des Sprint Reviews aufgefallen sind. Auch wenn dies eine klare Abweichung von den Scrum-Regeln ist, so ergeben sich daraus doch nur selten praktische Probleme. Denn der eigentliche Scrum Prozess bleibt hier bestehen und wird nur um zusätzliche Zwischenphasen erweitert.

Passt das agile Vorgehen zu Ihrem Projekt?

Wenn Sie nun den Eindruck gewonnen haben, dass agiles Projektmanagement auch für Ihr Projekt geeignet ist, so stellt sich natürlich die Frage, wie genau die agile Methodik für Ihr Projekt aussehen könnte.

Bei der Diskussion und Analyse zahlreicher Projekte aus Bereichen außerhalb der Softwareentwicklung während meiner Seminare, haben sich folgende Muster gezeigt, in denen Sie sich vielleicht wiederfinden:

- Die meisten Teilnehmer erwarten, dass agiles Projektmanagement etwas komplett Neues ist. Sie sind dann erstaunt, dass sie von vielen Techniken zumindest schon gehört haben.

- Die meisten Projekte arbeiten bereits mit verschiedenen Techniken, die auch Teil des agilen Projektmanagements sind. Dies ist nicht weiter verwunderlich, da das agile Projektmanagement auf Best Practices des klassischen Projektmanagements basiert.

- Ich bin noch auf kein Projekt außerhalb der Softwareentwicklung gestoßen, in dem agiles Projektmanagement in seiner reinen Form, wie es beispielsweise bei Scrum versucht wird, sinnvoll eingesetzt werden kann.

- Fast alle Teilnehmer nehmen am Ende des Seminars nur einige konkrete Techniken mit, die sie in ihrem Projekt neu einführen oder erneut stärken wollen. Niemand nimmt sich vor, nun alles anders zu machen.

An dieser Stelle des TaschenGuides haben Sie verstanden, worum es beim agilen Projektmanagement eigentlich geht. Nun können Sie entscheiden, was Sie konkret daraus ziehen können, um Ihr spezielles Projekt agiler zu machen. Von verschiedenen Seiten wird gerne und immer wieder propagiert, man müsse nur die agile Methode Scrum für das eigene Projekt einsetzen, dann würde alles besser. Doch so einfach ist es leider nicht. Wie wir gesehen haben, gibt es sogar in Softwareentwicklungsprojekten, aus denen heraus die Methode entwickelt wurde, viele Stolpersteine, die ihrem „Lehrbucheinsatz" entgegenstehen.

Dennoch kann Scrum ein guter Ausgangspunkt für Ihre eigene agile Methode sein. Wenn Sie denken, dass der Scrum-Prozess grundsätzlich zu Ihrem Projekt passen würde, können Sie ihn mit den konkreten agilen Techniken aus dem Kapitel zuvor für Ihr Projekt ausgestalten.

Vielleicht erscheint Ihnen das Umstellen des gesamten Prozesses aber auch zu riskant oder komplex. Dann behalten Sie einfach die aktuelle Methode des Projektmanagements bei und ergänzen Sie sie durch agile Techniken. Welche agilen Techniken dazu geeignet sind, können nur Sie selbst entscheiden.

Um für Ihr spezielles Projekt das Maximum aus dem agilen Projektmanagement herauszuholen, empfiehlt sich eine umfangreichere Analyse im Rahmen eines Seminars oder einer Beratung.

Klassische und agile Methoden mixen

Lassen sich agile Methoden mit klassischen Methoden des Projektmanagements mischen, um ein Projekt agiler zu machen?

In der Praxis nutzen auch klassische Projekte die verfügbaren Projektmanagementmethoden in sehr unterschiedlichem Maße. Es gibt Projekte, die sehr strukturiert ablaufen und viele klassische Techniken wie z.B. „Kick-off-Meeting", „Projektstrukturplan" oder „Meilensteintrendanalyse" einsetzen. Andere Projekte werden mehr „intuitiv" geleitet und verzichten fast gänzlich auf solche Techniken. Dabei ist es erst einmal wertfrei, ob ein Projektmanagement viele oder wenige Techniken einsetzt. Je nach Projektumfang und Größe des Projektteams kann ein Projekt auch mit relativ wenigen Techniken sauber durchgeführt werden.

In der Grafik unten sind einzelne Projekte durch Kreise symbolisiert. Dabei liegen die streng klassischen Projekte nahe der horizontalen und die streng agilen Projekte entlang der vertikalen Achse. Die Projekte sind umso weiter vom Achsenschnittpunkt entfernt, je mehr klassische bzw. agile Techniken sie einsetzen. Mischt man die Methoden, liegt man irgendwo mitten im Quadranten.

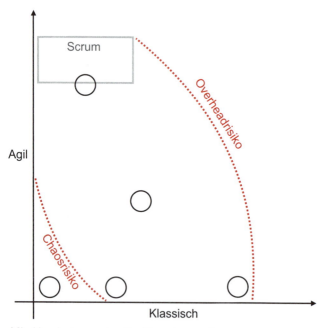

Mix klassischer und agiler Vorgehensweisen

Klassische und agile Methoden mixen

Die Kombination agiler und klassischer Methoden ist in der Praxis durchaus sinnvoll und auch häufig anzutreffen. Allerdings machen nicht alle Kombinationen Sinn. In der Abbildung werden dazu drei Arten von Projekten unterschieden.

- Projekte, die generell sehr wenig Projektmanagement-Methodik einsetzen und daher im Chaos zu versinken drohen

- Projekte, die eine gut funktionierende, ausgewogene Mischung einsetzen

- Projekte, die versuchen, gleichzeitig agil und klassisch zu sein, und dadurch zu viel Methodik mitschleppen

Die dritte Variante ist in der Praxis bisweilen anzutreffen, wenn in einem Unternehmen agiles Projektmanagement politisch gewünscht ist, gleichzeitig das Projekt aber „zur Sicherheit" auch noch klassisch überwacht oder gesteuert wird. Man kann sich leicht vorstellen, dass in diesem Fall die Projektkosten unerwünscht nach oben schnellen. Gleichzeitig sinkt die Zufriedenheit der Mitarbeiter, wenn die Methoden sich gegenseitig ausbremsen, so z.B. wenn von Teams selbstständiges Vorgehen erwartet wird, gleichzeitig aber versucht wird, es durch die verbindliche Vorgabe von Arbeitspaketen auszusteuern.

Eine Vorgehensweise, die viele Teilnehmer meiner Seminare wählen, ist die, spezielle Projekt agiler zu machen. Dazu wählen sie bestimmte agile Prinzipien oder Techniken aus, die sie in ihrem Projekt zukünftig hinzunehmen. Typische Beispiele sind hier „Task Board", „Retrospektiven" oder „Daily-Standup-Meetings". Wenn sie vom Team akzeptiert werden, können dadurch klassische Vorgehensweisen reduziert werden. So kann z. B. ein Daily-Standup-Meeting einige andere, klassische Meetings überflüssig machen.

> Das agile Projektmanagement kann wie ein Baukasten benutzt werden, aus dem Sie sich die Techniken aussuchen, die zu Ihrem Projekt passen. So können Sie Ihr Projekt Schritt für Schritt agiler machen.

So praktisch ein Mix von agilen und klassischen Ansätzen sein kann, so wichtig ist es, sich dabei immer in Erinnerung zu rufen: Seine volle Wirkung entfaltet das agile Projektmanagement erst in seiner relativ reinen Form. Sofern die Rahmenbedingungen es zulassen (siehe dazu das Kapitel „Die neue Form des Projektmanagements") und ständige Veränderungen der Anforderungen im Projekt ein Thema sind, sollte daher das reine agile Projektmanagement immer das Fernziel sein. Damit kann ein Projekt schließlich am effektivsten mit den Anforderungsänderungen umgehen. Agiles Projektmanagement in reiner Form unterstützt z. B. Scrum. In der Grafik oben lässt sich der Zusammenhang zwischen Scrum und agilem Projektmanagement aufgreifen, wenn Scrum als ein Rahmen dargestellt wird. Das passt auch bildlich gut zu der Definition von Scrum. Denn danach ist Scrum ein Rahmenwerk für die Produktentwicklung mit agilen Ansätzen. Durch diesen Rahmen versucht Scrum eine saubere Konstruktion agiler Prozesse und Projekte vorzugeben. Jedes Projekt, das der Definition von Scrum genügt, liegt innerhalb des Rahmens.

Auf einen Blick: Die agilen Methoden

- Eine agile Methode wird eingesetzt, um Projekte in einer bestimmten Art und Weise zu managen. Sie gibt die Grundstruktur vor, innerhalb derer die agilen Techniken, Prinzipien und Werte Anwendung finden.

- Die meisten vorgefertigten agilen Methoden stammen aus dem Bereich der Softwareentwicklung und sind auch nur dort sinnvoll anwendbar.

- Scrum, ebenfalls eine Methode aus der Softwarebranche, lässt sich gut auf Projekte anderer Bereiche übertragen. Es legt klare Regeln, Rollen und Ereignisse und damit einen verbindlichen Rahmen für agile Projekte fest.

- Ein Scrum-Projekt wird zu einem Scrum-But-Projekt, wenn einzelne dieser Vorgaben abgeändert werden.

- Sie können Ihre eigene Projektmanagement-Methode zu einer agilen Methode machen, indem Sie agile Prinzipien und Techniken dort aufnehmen.

Das Miteinander in agilen Teams

Die besten Techniken und Methoden helfen nicht, wenn die Zusammenarbeit im Team nicht stimmt. Auch in agilen Projekten bringt nur eine starke Mannschaft an Bord den gewünschten Erfolg.

In diesem Kapitel erfahren Sie,

- wie Mitarbeiter lernen, aktiv Verantwortung zu übernehmen,
- wie Sie den Teamgeist fördern und Konflikten vorbeugen,
- wie ein agiler Projekt-Manager oder Scrum Master seine Mitarbeiter coachen sollte.

Ein funktionierendes Team: Schlüsselfaktor im agilen Projekt

In den Kapiteln zuvor haben Sie die wichtigsten agilen Prinzipien, Techniken und Methoden kennengelernt. Dabei ist Ihnen sicher aufgefallen, dass sehr viele davon darauf abzielen, die Kommunikation in agilen Projekten geeignet zu steuern. Einerseits können die agilen Werkzeuge natürlich für sich genommen schon helfen, die Kommunikation zu verbessern. Andererseits gilt aber auch hier der Grundsatz: „A Fool with a Tool is still a Fool." Der Einsatz aller Werkzeuge des agilen Projektmanagements nutzt wenig, wenn deren Prinzipien nicht auch von den einzelnen Mitarbeitern verstanden und gelebt werden. Und wer soll dafür Verantwortung übernehmen, wenn nicht der einzelne und insbesondere der Projektleiter?

Wie kann es Ihnen also gelingen, die Zusammenarbeit im Projekt so zu beeinflussen, dass der Einsatz der agilen Werkzeuge auch wirklich funktioniert? Hilfestellung leisten hier wichtige Modelle der Kommunikation und der Zusammenarbeit, die in diesem Kapitel näher beschrieben werden. Mit den dazugehörigen Übungen können Sie sie Ihrem Team näher bringen. Zum anderen finden Sie hier eine ganze Reihe von Techniken, die Sie sich selbst aneignen können, um die Kommunikation und damit die Zusammenarbeit im Team besser zu gestalten.

Im fachlichen Bereich ist es mittlerweile fast überall notwendig und üblich, sich fortlaufend weiterzubilden. Das kostet Zeit, macht aber auch Spaß und ist eine Voraussetzung für die berufliche Weiterentwicklung. Mit Kommunikation ist es genauso. Auch hier kann man sich nur verbessern, wenn man Zeit investiert und bereit ist, sich weiter zu entwickeln. Letztlich macht es auch Freude, die ein oder andere neue Erkenntnis über sich selbst zu erlangen und neue Möglichkeiten in der Kommunikation mit anderen auszuprobieren.

Konflikte lösen

Warum verstehen wir uns mit einigen Kollegen blind, während wir bei anderen auch auf mehrfache Nachfrage nicht nachvollziehen können, was sie meinen? Warum nerven uns die einen, während wir mit einem anderen sehr gerne zusammenarbeiten? Haben Sie sich schon einmal gefragt, warum genau das so ist?

Wir kommen der Antwort auf diese Fragen näher, wenn wir uns mit unseren Werten beschäftigen. Sie sind etwas sehr Grundlegendes in unserem Leben. Wir alle haben eine ganze Reihe von Werten, nach denen wir unser Verhalten ausrichten. Dazu zählen z.B. Fairness, Ehrlichkeit, Zuverlässigkeit, Flexibilität. Die Aufzählung ließe sich noch lange fortsetzen.

Die Ursache für Missverständnisse und Reibereien mit Kollegen sind oft in Wertekonflikten zu finden. Bereits Aristoteles ist aufgefallen, dass zu jedem Wert ein Gegenwert gehört. In der folgenden Abbildung finden sich ein paar Beispiele für solche Wertepaare.

Im Idealfall gehören beide Werte eines Paares in gleichem Maße zu unserer Persönlichkeit und wir können uns je nach Situation optimal zwischen den beiden Werten (z. B. flexibel – strukturiert) bewegen. Da Menschen aber kein Ideal verkörpern, ist es normalerweise so, dass wir einen der Werte besonders schätzen und ausgeprägter leben als den anderen.

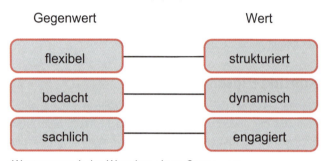

Wertepaare: Jeder Wert hat einen Gegenwert

Beispiel:

 Nehmen wir als Beispiel den Wert „Strukturiertheit". Der Wert äußert sich vielleicht darin, dass jemand klare Vorgaben für Schnittstellen, stringente Meetings und einen aufgeräumten Schreibtisch bevorzugt. Das hindert ihn jedoch nicht daran, bisweilen auch flexibel zu sein, also den Gegenwert dazu zu leben.

So weit, so gut. Doch was ist nun, wenn jemand einen Wert übertrieben lebt und den Gegenwert vernachlässigt? Dann entsteht ein sog. Unwert. Aus Strukturiertheit wird durch die Übertreibung und den Mangel an Flexibilität Pedanterie. Genauso kann man Flexibilität ins Chaotische hin übertreiben. Diese beiden Unwerte ergeben gemeinsam mit den zugehörigen Werten ein Wertequadrat. Dieses Wertequadrat, das von dem Kommunikationsexperten und Psychologen Friedemann Schulz von Thun entwickelt wurde, ist in der folgenden Abbildung dargestellt.

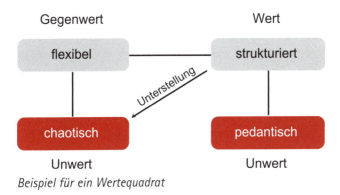

Beispiel für ein Wertequadrat

Spannend wird es nun, wenn zwei Menschen mit gegensätzlichen Werten aneinander geraten. In Konflikten wird dann jeder der beiden dazu neigen, dem anderen den jeweiligen Unwert zu unterstellen.

Beispiel:

 Ein strukturierter Mensch wird einem anderen, für den Flexibilität sehr wichtig ist, in Konfliktsituationen tendenziell „chaotisches" Verhalten unterstellen. Umgekehrt wird der andere ihm tendenziell „Pedanterie" unterstellen.

Das Beispiel zeigt, dass Konflikte vorprogrammiert sind, wenn gegensätzliche Werte aufeinander prallen. Der erste Schritt, um dem in einem Team entgegenzuwirken, ist es, sich dieses Prinzip gemeinsam vor Augen zu führen und herauszuarbeiten, wie alle aus dieser Gegensätzlichkeit profitieren können.

Mit dem Wertequadrat arbeiten

Erstellen Sie gemeinsam persönliche Wertequadrate! Meine Erfahrungen mit dieser Übung sind sehr gut. Die eigenen Werte und Gegenwerte der anderen zu reflektieren, sorgt oft für einen Aha-Effekt.

Übung: Wertequadrate erstellen

Teilen Sie Ihr Team in Paare auf. Jedes Paar erhält die Aufgabe, jeweils für sein Gegenüber ein persönliches Wertequadrat zu erstellen. Dabei wird jeweils mit dem „Unwert" des anderen begonnen. Welche Eigenschaft ist es, die am stärksten nervt? Wenn Sie diese Eigenschaft Ihres Gegenübers aufschreiben, haben Sie damit bereits den Unwert (links unten im Wertequadrat) festgelegt. Ihren eigenen positiven Wert (rechts oben im Wertequadrat) leiten Sie nun ab, indem Sie das Gegenteil des gefundenen Unwertes als positiven Wert formulieren, so dass er zu Ihnen passt. Die Übertreibung dieses Wertes hin zu dem Unwert (rechts unten im Wertequadrat) ist meist schon etwas schwieriger zu finden. Die größte Herausforderung liegt aber im letzten Schritt: Welches ist der positive Gegenwert (links oben im Wertequadrat)? An dieser Stelle steckt für die Teilnehmer ein wesentlicher Lerneffekt. Denn nun können sie überlegen, welche Stärken ihr Gegenüber ihnen voraus hat. Ist das Gegenüber chaotisch, so könnte seine Stärke z. B. sein, dass er sehr zügig auf neue Anforderungen reagieren kann oder recht gut mit den unterschiedlichsten Stakeholdern klarkommt.

Diese Übung hilft dabei, das Verhalten von anderen besser zu verstehen und das Positive an Gegensätzen zu entdecken. Sie kann sogar dazu führen, dass man im nächsten Konflikt mit dem Kollegen konstruktiver reagieren kann, indem man Unterstellungen im Sinne des Wertequadrates vermeidet.

> Bleiben Sie gelassen, wenn ein Kollege Ihnen Ihren Unwert unterstellt. Vermutlich kennt er das Wertequadrat nicht!

Agile Werte vermitteln

Der Wertebegriff ist Ihnen am Anfang des Buches schon einmal in einem anderen Zusammenhang begegnet. Sie haben dort die agilen Werte kennengelernt:

- Menschen und deren Zusammenarbeit sind wichtiger als Prozesse und Werkzeuge.

- Ein funktionierendes Produkt ist wichtiger als umfassende Dokumentation.

- Die Zusammenarbeit mit dem Kunden ist wichtiger als Vertragsverhandlungen.

- Die Reaktion auf Veränderung ist wichtiger als das Befolgen eines Plans.

Wie bei einem Wertequadrat stehen sich hier ebenfalls jeweils Wert und Gegenwert gegenüber, die beide hin zu einem Unwert übertrieben werden können. Diese abstrakten Wertbeschreibungen setzen bei den Projektbeteiligten konkrete Werte voraus. So stellt man fest, dass die agilen Werte mit konkreten Werten wie „flexibel", „pragmatisch" oder „situationsorientiert" zusammenhängen, die klassischen Werte dagegen mit konkreten Werten wie „strukturiert", „zuverlässig" oder „sicher".

Das Agile Manifest sagt nun, dass zwar beide Seiten gebraucht werden, auf die agile Seite in Projekten aber mehr Fokus gelegt werden sollte. Daraus lässt sich ableiten, dass Personen, die diesen Werten näher stehen, in agilen Projekten eher eine für sich passende Arbeitsumgebung entdecken. Umgekehrt werden andere, die sehr stark zu den klassischen Werten tendieren, eher skeptisch und in Extremfällen sogar schlicht überfordert sein. So gibt es in Teams immer wieder einzelne Personen, die sich mit den agilen Werten nicht so gut identifizieren können. Oft können sie aber trotzdem sinnvoll in das Projekt eingebunden werden. Denken Sie daran, dass die klassischen Werte nicht zu kurz kommen dürfen. Dafür können solche Teammitglieder oft in besonderer Weise Verantwortung übernehmen.

Beispiel:

Ein Mitarbeiter ist sehr auf Sicherheit bedacht. Im Team bekommt er die Verantwortung dafür, Testfälle für den Produkttest zu erstellen, und in den Testphasen für deren systematische Anwendung zu sorgen.

Wenn Sie agiles Projektmanagement einführen wollen, überlegen Sie sich, wie die Werte zu den Personen im Team passen. Manche müssen vielleicht erst besonders für die agilen Werte gewonnen oder durch passende Aufgaben eingebunden werden.

Aktiv Verantwortung übernehmen

Die Selbstorganisation des Projektteams ist ein zentraler Aspekt, mit dem das agile Projektmanagement steht und fällt. Sie gelingt nur dort, wo Menschen bereit sind, aktiv Verantwortung zu übernehmen. Aus der Transaktionsanalyse, einem psychologischen Modell zur Erklärung sozialen Verhaltens, stammt das sog. Drama-Dreieck, das den Aspekt der Selbstverantwortung recht interessant beleuchtet.

Das Drama-Dreieck

Vielleicht kennen Sie die folgende Situation aus Ihrem Arbeitsalltag: Ihr Chef kommt in Ihr Büro gestürmt und fragt, ob Sie sich bereits um dieses und jenes gekümmert haben. Sie sind gerade mit einer anderen Sache beschäftigt und etwas überrumpelt. Als Sie beginnen zu erklären, wie der Stand der Dinge ist, werden Sie schon nach dem nächsten Thema gefragt. Noch bevor Sie dazu kommen, auch darauf zu antworten, gibt Ihr Chef Ihnen Anweisungen, was Sie als nächstes tun sollen. Das verpackt er als gute Ratschläge. Er schlägt Ihnen z.B. vor, wen Sie anrufen können. Schon rauscht er wieder hinaus – und Sie bleiben mit einem negativen Gefühl zurück.

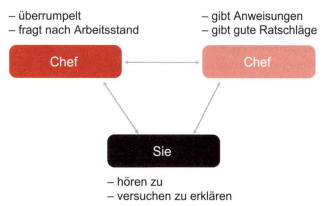

Beispiel: Chef klärt Arbeitsstand

Auch das folgende Beispiel mitten aus dem Berufsalltag ist ähnlich gelagert: Während eines Meetings stellen Sie eine Lösungsvariante für ein bestimmtes Problem vor. Ein Kollege argumentiert, dass es an dieser Stelle eine viel bessere Möglichkeit mit dieser und jener Technologie gibt. Aus Erfahrung wissen Sie, dass er sich häufig als Helfer in der Not darstellt, ohne je wirklich aktiv zu Lösungen beizutragen. Nach einer kurzen oberflächlichen Diskussion greift dann der Projektleiter ein und entscheidet, dass Sie sich das Thema gemeinsam mit dem „hilfreichen" Kollegen anschauen. Da Sie wissen, dass bei der Sache vermutlich wieder nichts herauskommt, schließt die Diskussion für Sie mit einem negativen Gefühl.

Beispiel: Kollege kennt sich aus

Vielleicht tröstet es so manchen zu erfahren, dass es vielen so ähnlich geht. Beide Situationen laufen nach einem Schema ab, einem wohlbekannten Grundmuster der Interaktion zwischen Menschen, das uns sowohl im Privat- als auch im Berufsleben begegnet. Das Gute daran: Hat man es verstanden, weiß man auch, wo die Hebel liegen, um sich dagegen zu wehren.

Wo steckt nun das Grundmuster? In beiden Fällen begann der Ablauf damit, dass jemand Sie in die Enge getrieben hat, z.B., indem er Ihre Handlungsfähigkeit oder Ihr Wissen anzweifelte. In dem abstrakten Muster bekommt dieser jemand den Namen „Verfolger". Der Verfolger hat Sie dann in eine passive Rolle gedrängt, die hier als „Opfer" bezeichnet wird. Anschließend bekamen Sie von jemandem einen Ausweg aufgezeigt. Diesen jemand nennen wir „Retter".

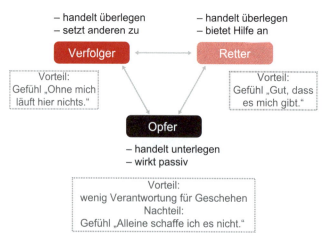

Das Grundmuster des Drama-Dreiecks

Das Muster besteht also aus drei Rollen sowie Beziehungen zwischen den Rollen. Sie bilden ein Dreieck, das Drama-Dreieck, wie es der Psychologe Eric Berne in seiner Transaktionsanalyse nannte. Nach seiner Theorie spielen alle Beteiligten im Drama-Dreieck mit, weil sie einen Vorteil davon haben. Der wichtige Unterschied zwischen den Rollen ist aber, dass Verfolger und Retter den Ablauf mit einem positiven Gefühl beenden, während das Opfer hingegen mit einem negativen Gefühl aus der Situation hervorgeht (siehe die Grafik).

Wenn Sie sich verschiedene Situationen in Ihrem Berufsalltag vorstellen und sie in das Drama-Dreieck übertragen, werden Ihnen sicherlich zwei Dinge auffallen:

Aktiv Verantwortung übernehmen

1 dass Sie selbst bereits einmal alle Rollen eingenommen haben,

2 dass Sie eine eigene (unbewusste) Lieblingsrolle im Drama-Dreieck haben.

Während Täter und Opfer eine aktive Rolle im Geschehen übernehmen, bleibt das Opfer relativ passiv. Und das ist genau der Vorteil, den Eric Berne für das Opfer sieht: Es muss keine Selbstverantwortung übernehmen und kann sich darauf verlassen, dass es am Ende von einem anderen gerettet wird. Diese Rolle ist also ziemlich bequem. Ein Ausstieg aus der Opferrolle ist möglich, wenn man bewusst und aktiv Verantwortung übernimmt und dadurch das Geschehen lenkt. Übertragen auf das Drama-Dreieck, schnappt man also jemand anderem einfach die Rolle des Retters weg.

Im Beispiel des eifrigen Kollegen könnten Sie zunächst nach Details der erwähnten Technologie fragen. Nicht unbedingt, weil Sie die Antwort interessiert, sondern, um durch das Fragen die Führung zu übernehmen. Dann unterbrechen Sie seine Ausführungen und schlagen vor, die Sache nach dem Meeting genauer zu besprechen.

Dem ungeduldigen Chef aus dem ersten Beispiel könnten Sie zunächst einmal in einem Satz erklären, woran Sie gerade arbeiten (natürlich an etwas Wichtigem!), und dann sofort einen zeitnahen Termin nennen (z.B. nach der Mittagspause), zu dem Sie aktiv auf ihn zukommen werden, um ihm den Arbeitsstand zu präsentieren.

Durch solche Unterbrechungen des Drama-Ablaufs bringen Sie den anderen um seine Retter-Rolle, also um das Gefühl „Gut, dass es mich hier gibt!". Und damit bringen Sie ihn um seinen Vorteil im Drama-Dreieck. Jede Form der aktiven Selbstverantwortung, die Sie zeigen, trägt zu einer Unterbrechung bei. Gehen Sie davon aus, dass der Ausstieg Ihnen nur kurzzeitig Luft verschafft. Schon bald wird vermutlich der nächste Versuch gestartet, Sie in ein Drama-Dreieck hineinzuziehen. Sie können aber sicher sein: Je öfter Sie Selbstverantwortung zeigen und Ihnen dadurch der Ausstieg gelingt, desto seltener wird man versuchen, Sie zum Opfer zu machen. Es lohnt sich also, aktiv Verantwortung zu übernehmen!

Mehr Selbstverantwortung in Ihrem Team

Wie können Sie nun das Wissen aus dem Drama-Dreieck für Ihre eigene Projektpraxis nutzen?

In jedem Team schleichen sich mit der Zeit bestimmte Muster ein. So übernehmen Einige Verantwortung für Aufgaben, die eigentlich bei anderen liegen. Das Drama-Dreieck kann ein guter Ausgangspunkt für eine Diskussion im Team sein, um solche eingeschliffenen Muster aufzudecken. Dort gibt es keinen „Schuldigen". Das ist für ein konstruktives Gespräch von Vorteil. Alle tragen dazu bei, dass die negativen Muster sich bilden und erhalten bleiben. Und alle können etwas dafür tun, dass die Muster sich auflösen und mehr gemeinsame Verantwortung und damit stärkere Selbstorganisation ins Team zurückkehrt.

Wenn Sie nicht selber Projektleiter sind, sondern ein Mitarbeiter in einem agilen Team, dann sollten Sie nicht auf folgenden Gedanken hereinfallen: „Ich kann ja nichts machen, da der Projektleiter/Vorgesetzte mir mehr Verantwortung geben müsste". Das Drama-Dreieck macht deutlich, dass Verantwortung durch eigeninitiatives Handeln auch aktiv eingefordert werden kann.

Verantwortung abgeben

Das Projektteam kann Verantwortung nur dann aktiv übernehmen, wenn der Projektleiter sie an den passenden Stellen auch abgibt. In der Praxis zählen Projektleiter oder andere Vorgesetzte, die das nicht können, z.B. weil sie ein zu großes Kontrollbedürfnis haben oder ihrem Team nicht vertrauen, zu den größten Hemmnissen für das agile Projektmanagement.

Zusammenarbeit fördern

Gleich zwei der vier agilen Werte beziehen sich auf das Thema Zusammenarbeit. Dabei geht es zum einen um die Zusammenarbeit im Projektteam, zum anderen um die Kooperation mit dem Kunden. Flankierend bieten die agilen Prinzipien und Techniken viele Instrumentarien, die eine gute Zusammenarbeit fördern (vgl. Reviews, Retrospektiven, Task Boards, Daily-Standups usw.). Hinzukommen muss dann allerdings auch ein passender Umgang miteinander auf sozialer Ebene.

Gemeinsame Ziele und Lösungen finden

Wie kann nun eine gute Kooperation auf sozialer Ebene gefördert werden? Dazu gibt es viele Möglichkeiten. Zu einer der wichtigsten zählen allerdings gemeinsame Ziele. Im Großen bedeutet dies, dass es ein gemeinsames Zielbild (Vision) geben sollte. Aber auch im Kleinen, also im Arbeitsalltag, sollte man immer wieder auf gemeinsame Ziele hinarbeiten, um daraus gemeinsame Lösungen abzuleiten. Dazu zwei Beispiele aus der Praxis.

Beispiel:

> Sie sitzen in kleiner Runde mit Ihrem Chef und zwei Kollegen zusammen und präsentieren Ihre Arbeitsergebnisse. Plötzlich kritisiert einer der Kollegen Ihre Präsentation. Sie empfinden das als unangemessen. Sie sind überrascht und fühlen sich bzw. Ihre Arbeit angegriffen. Nun wissen Sie nicht genau, wie Sie reagieren sollen. Wahrscheinlich verteidigen Sie Ihren Vorschlag und verweisen auf Schwächen der inhaltlichen Position Ihres Gegenübers. Die Fronten verhärten sich zunehmend.
>
> Die Sekretärin Ihrer Abteilung macht Sie etwas rüde bei einem Gespräch über das Projekt X auch auf einen Fehler in Ihrer Reisekostenabrechnung aufmerksam. Überrascht von dem Themenwechsel rechtfertigen Sie Ihre Vorgehensweise. Die Sekretärin hält dagegen und die Stimmung im Gespräch verschlechtert sich zusehends.

In beiden Fällen sind Sie plötzlich mit einem Angriff bzw. negativen Verhalten konfrontiert und müssen darauf reagieren. Wenn Sie dies unüberlegt tun, ist die Wahrscheinlichkeit groß, dass Ihre Reaktion negativ ausfällt und somit zu einem handfesten Konflikt führt. Was können Sie stattdessen tun?

Ganz einfach: Ändern Sie Ihre Einstellung zu solchen Angriffen. Wer sagt denn, dass der andere Ihnen Böses will? Vielleicht möchte er ja Gutes damit bezwecken, und drückt dies nur ungeschickt aus. Die inhaltliche Aussage und damit die Position des Angreifers wirken auf Sie negativ, aber seine Ziele hinter der Position sind vielleicht positiv und sogar in Ihrem Sinne. Dann hätten Sie gemeinsame Ziele. Wichtig ist also zwischen Ziel und Position zu unterscheiden. In der folgenden Abbildung ist dies schematisch dargestellt.

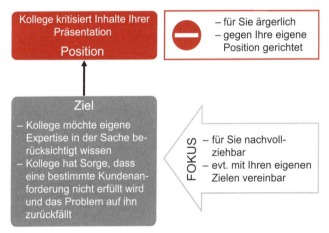

Ziele statt Positionen

In der Grafik sehen Sie auf der linken Seite die Position und das Ziel des anderen, und auf der rechten Seite, was dies jeweils mit Ihnen zu tun hat. Die fremde Position erzeugt bei Ihnen Ärger. Konzentrieren Sie sich aber auf die fremden Ziele hinter der Position, entdecken Sie vielleicht Gemeinsamkeiten oder haben zumindest Verständnis dafür.

Was bedeutet das nun in der Praxis, und wie setzen Sie diese Erkenntnis um? Beachten Sie die folgenden Regeln, wenn Sie sich angegriffen fühlen:

- Atmen Sie zunächst einmal tief durch, um Ihren Impuls zur Rechtfertigung oder zu einem Gegenangriff zu unterdrücken. Denn beides ist in der Regel kontraproduktiv.
- Fokussieren Sie sich dann auf die Ziele Ihres Gegenübers. Bitten Sie ihn zuerst, das Problem genauer zu beschreiben. Fordern Sie ihn dann auf, Lösungen vorzuschlagen. Fragen Sie nach den Vorteilen, die diese Lösungen bieten. Finden Sie also heraus, welches Ziel hinter seiner Position steht.
- Suchen Sie immer nach den positiven, für Sie nachvollziehbaren und akzeptablen Aspekten in dem, was Ihr Gegenüber sagt. Wenn Sie dessen Ziele erkannt haben, finden Sie vielleicht sogar eine Lösung, die sowohl seine Ziele als auch Ihre eigenen berücksichtigt. Dann haben Sie ein gemeinsames Ziel.

Beispiel:

Der Dialog mit dem Kollegen, der Ihre Arbeitsergebnisse kritisiert, verläuft dann vielleicht folgendermaßen:

Kollege: „Das Konzept ist doch unsinnig."

Sie atmen zunächst einmal tief durch und fragen: „Was genau ist denn an dem Konzept nicht in Ordnung?"

Kollege: „Da haben wir mehr Dokumente, als nötig sind, und ..."

Sie: „Wie wäre das Konzept denn aus deiner Sicht besser?"

Kollege: „Wenn wir die Dokumente so zusammenfassen, dass ..." (Sie merken: Der Kollege hat sich auch schon Gedanken dazu gemacht.)

Sie: „Was genau wäre der Vorteil davon?"

> Kollege: „Wir könnten einiges einsparen und die Kosten würden damit runtergehen. Ich muss ja den Kopf für die Kosten hinhalten und wir haben dem Kunden zugesagt ..." (Sie merken: Der Kollege will die Anforderungen des Kunden berücksichtigen und keinen Ärger bekommen.)
>
> Auch bei dem Gespräch mit der Sekretärin könnten auf diese Weise ihre nachvollziehbaren Absichten deutlich werden. Sie ist vielleicht daran interessiert, mit den Abrechnungen möglichst wenig Arbeit zu haben, oder sie möchte sich absichern, dass alles den Richtlinien entspricht. Eventuell will sie auch gerade heute pünktlich Feierabend machen, weil sie einen wichtigen privaten Termin hat. Das sind alles Ziele, die Ihnen einleuchten werden. Nur wenn Sie sie kennen, haben Sie auch die Möglichkeit, sie mit den Ihrigen zu verbinden.

Reagieren Sie in Zukunft also souverän auf Angriffe, indem Sie sich nur einen Atemzug lang über die vordergründige Position Ihres Gegenübers ärgern und sich anschließend auf seine hintergründigen positiven Absichten und die gemeinsamen Ziele konzentrieren. Mit einer solchen Haltung erreichen Sie Folgendes:

- Sie lassen sich nicht in ein Muster hineinziehen, in dem Sie sich verteidigen müssen (siehe hierzu auch das oben beschriebene „Drama-Dreieck").

- Wer fragt, führt: Solange Sie die Fragen stellen, führen Sie das Gespräch. Nach außen hin wirkt Ihre Reaktion auf den Angriff damit souverän, konstruktiv und lösungsorientiert.

- Vielleicht wird es Ihnen dadurch gelingen, die Diskussion in eine für Sie positive Richtung zu lenken. Im Idealfall erreichen Sie dann über ein gemeinsames Ziel eine Win-win-Situation.

Verankerung in der Projektpraxis

Wie können Sie nun den Gedanken der gemeinsamen Interessen und Ziele in Ihrem Projekt verankern?

Eine Möglichkeit besteht wieder darin, die Ausführung oben als Aufhänger für eine Diskussion mit dem Projektteam herzunehmen. Am meisten Wirkung wird dabei natürlich dann erzielt, wenn es gelingt, die beschriebenen Muster mit konkret vorgekommenen Projektsituationen in Verbindung zu bringen. Als Erweiterung dazu kann die konstruktive Reaktion auf Angriffe gemeinsam trainiert werden. Gehen Sie dazu wie folgt vor.

Übung: Souverän auf Angriffe reagieren

1 Ein Teammitglied hält einen kurzen Vortrag, der eine Meinung oder eine These zu einem bestimmten Thema aus Ihrem Bereich enthält.

2 Die anderen versuchen sinnvolle Einwände dagegen zu finden, die sie bewusst als Angriffe verpacken.

3 Der Vortragende versucht nach dem Schema oben in seiner Reaktion auf die Einwände konstruktiv und souverän zu bleiben.

4 Der Vortragende bewertet selbst kurz seine Reaktion. Wenn er nicht zufrieden ist, geht es bei Punkt 2 weiter. Wenn er zufrieden ist, dann ist der nächste mit einem Vortrag dran.

Vordergründig wird durch eine solche Übung das Schema trainiert, hintergründig ändert sich aber durch die wiederholte Reflexion auch die Haltung der Teammitglieder. Angriffe können dann als „ungeschickt formulierte Vorschläge" gesehen werden. Dadurch rückt das Arbeiten an gemeinsamen Projektzielen stärker in den Fokus.

Kooperation und Statusverhalten

Eine gute Kooperation ist ein wesentlicher Erfolgsfaktor in agilen Teams. Ein Faktor, der sich auf die Qualität der Zusammenarbeit auswirken kann, ist das sog. Statusverhalten der Teammitglieder.

Mit unserem Statusverhalten, das sich in unserer Körpersprache, Sprechweise, in Worten und unseren Blicken zeigt, vermitteln wir einem Kommunikationspartner ein Gefühl von Über- bzw. Unterlegenheit. Viele dieser Verhaltensmuster lassen sich auch etwas abgewandelt im Tierreich beobachten. Das gibt schon einen Hinweis darauf, wie tief im Unbewussten dieses Verhalten verankert ist.

Sie können sich vermutlich leicht vorstellen, dass das Statusverhalten in einem agilen Team, das mit gemeinsamer Verantwortung selbstorganisiert funktionieren soll, möglichst ausgewogen sein sollte. Eine bewusste Reflexion des eigenen Statusverhaltens bzw. desjenigen der Teammitglieder untereinander kann daher sehr hilfreich sein.

Wie sich Statusverhalten ausdrückt

Wie genau sieht nun Statusverhalten aus? Zu den Verhaltensweisen, mit denen wir einem Kommunikationspartner einen hohen Status, also Überlegenheit, signalisieren, zählen:

- fester Blickkontakt
- aufrechte Körperhaltung
- lautes Sprechen
- ausladende Bewegungen
- ausladende Sitzhaltung
- ungefragte Berührungen des anderen (z. B. Schulterklopfen)
- Gesprächsinitiative ergreifen
- das Gesprächsthema bestimmen
- den anderen unterbrechen

Ein Unterlegenheitsgefühl signalisieren wir einem Kommunikationspartner insbesondere mit den folgenden Verhaltensweisen:

- ausweichender Blick
- gedrungene Körperhaltung
- leises Sprechen
- verhaltene Bewegungen
- dem anderen ausweichen
- gedrungene Sitzhaltung
- keine Gesprächsinitiative
- viele Füllworte wie „ähm" nutzen

Natürlich kann man nicht durch die Beobachtung eines einzelnen Statussignals auf das Statusverhalten insgesamt schließen. Die Gesamtsicht der Statussignale lässt aber sehr zuverlässige Rückschlüsse darauf zu, ob sich jemand unter- oder überlegen fühlt.

In meinen Seminaren lasse ich Teilnehmer typische berufliche und private Gesprächssituationen nachstellen. Dabei wird schnell deutlich, dass jede Äußerung mit verschiedenem Statusverhalten einhergeht. Bereits nach einer halben Stunde Arbeit an dem Thema beginnen die Teilnehmer, auch sehr feine Statussignale wahrzunehmen, und bekommen zunehmend Spaß daran, unterschiedliche Statussignale auszuprobieren und deren Wirkung auf den Gesprächspartner zu beobachten. Dabei wird Folgendes schnell deutlich: Je flexibler die Gesprächspartner in ihrem Statusverhalten auf die Aussagen des anderen reagieren können, desto besser verläuft die Gesprächssituation. Diese Fähigkeit wird mit dem Begriff Statusflexibilität bezeichnet.

Das Statusquadrat

Zur Verbesserung der Zusammenarbeit in agilen Teams lohnt es sich, das sogenannte Statusquadrat einmal näher zu betrachten. Es wurde von mir und meinem Kollegen Roberto Hirche als Instrument zum Einsatz in der Trainingspraxis entwickelt. Dieses Modell stellt einen Zusammenhang zwischen Statusverhalten und Kooperation bzw. individueller und gemeinsamer Verantwortungsübernahme her.

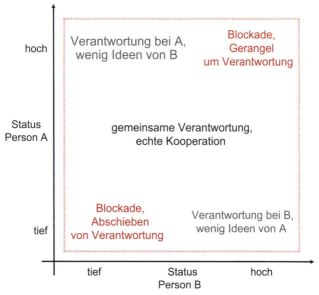

Statusquadrat – Status und Kooperation

Das Statusquadrat stellt vier mögliche Konstellationen zwischen zwei Kommunikationspartnern dar:

- Links oben: Der eine (A) hat einen klar hohen Status und der andere (B) einen klar niedrigen Status. In der Praxis zeigt sich bei solchen Konstellationen, dass A die inhaltliche Verantwortung übernimmt und mögliche Ideen von B wenig Beachtung finden. Natürlich gibt es Situationen, wo genau dies gewünscht ist. In der Projektpraxis ist dieses Muster jedoch nicht zielführend; es etabliert sich dort eher unbewusst.

- Rechts unten: Hier ist die Situation spiegelverkehrt zur vorherigen. B übernimmt die Verantwortung, während A der Unterlegene ist.

- Links unten: A und B versuchen beide, einen tiefen Status zu behalten. Niemand übernimmt hier die Verantwortung. Damit blockieren sie beide echte Kooperation. Im Ergebnis bleibt dadurch Projektfortschritt aus.

- Oben rechts: A und B versuchen beide, einen hohen Status für sich zu etablieren. Diese Situation dürfte den meisten als „Hahnenkampf" aus der Projektpraxis bekannt sein. Dabei geht es beiden um das Durchsetzen eigener Positionen und darum, Verantwortung an sich zu ziehen. Der Projektfortschritt tritt dabei in den Hintergrund und wird blockiert.

Eine wirkliche Kooperation und gemeinsame Verantwortungsübernahme finden nur im mittleren Bereich des Statusquadrats statt. Hier zeigen A und B Statusflexibilität, d. h., sie stellen ihren Status kontinuierlich neu auf den Kommunikationspartner und die Situation ein. In der Seminarpraxis zeigt sich immer wieder, dass einige Teilnehmer glauben, in diesem Bereich zu kommunizieren. Durch praktische Übungen wird ihnen dann allerdings deutlich, dass dem nicht so ist, weil sie beispielsweise den anderen kaum zu Wort kommen lassen. Die folgende Übung schärft das Bewusstsein für Statussignale.

Übung: Statusflexibilität

1 An drei Teammitglieder werden Rollen verteilt. Als Rollen gibt es einen „Projektleiter", einen „Entwickler" und einen Beobachter.

2 Ihnen wird folgende Ausgangssituation geschildert: Der Entwickler bewirbt sich auf eine Stelle im Team des Projektleiters. Der Entwickler hat verschiedene Stellen zur Auswahl und möchte herausfinden, ob das Projekt etwas für ihn ist. Der Projektleiter hat verschiedene Bewerber zur Auswahl und möchte herausfinden, ob der Entwickler in das Projekt passt.

3 Projektleiter und Bewerber sollen nun ein 5-minütiges Bewerbungsgespräch auf Augenhöhe führen.

4 Der Beobachter soll dabei einzelne Statussignale notieren sowie Situationen von Über- und Unterlegenheit im Gespräch festhalten.

5 Anschließend gibt es eine Auswertung. Zunächst bewerten die Gesprächspartner nacheinander das Gespräch. Sie geben eine Einschätzung ihrer eigenen Statusflexibilität im Gespräch. Dann gibt der Beobachter Feedback, wie er das Gespräch in Bezug auf Statussignale und Statusflexibilität von außen gesehen hat.

Das Statusquadrat kann gedanklich auch leicht auf ein ganzes Team übertragen werden. Wie gut Teammitglieder miteinander kooperieren, hängt also auch wesentlich von dem Statusverhalten und der Statusflexibilität des Einzelnen ab.

Der Statusradar

Das Statusverhalten ist nur ein Teil dessen, was den gesamten Status einer Person ausmacht, der für andere wahrnehmbar ist. Neben Statusverhalten gibt es noch den Rang, den Einfluss und den Selbstwert einer Person. Der Statusradar ist ein Modell, das von mir und meinem Kollegen Roberto Hirche entwickelt wurde, um das komplexe Zusammenspiel dieser Elemente darzustellen. In der Praxis lassen sich aus dem Statusradar einige interessante Erkenntnisse für die Zusammenarbeit im agilen Team ableiten. Schauen wir uns zunächst die einzelnen Elemente genauer an.

- **Das Statusverhalten** ist die Summe der Statussignale, die man mit seinem Verhalten aussendet. Verkürzt kann Statusverhalten umschrieben werden mit *„Wie ich auftrete"*.

- **Der Rang** wird einem durch die Gesellschaft oder Gruppe verliehen, der man angehört. Er ist eine bestimmte formelle Rolle in einer Hierarchie, wie z. B General in einer Armee oder Abteilungsleiter in einem Unternehmen. Verkürzt kann der Rang umschrieben werden mit: *„Welche Rolle ich habe"*.

- **Der Einfluss** bezeichnet die Handlungsfähigkeit, die jemand hat. Einfluss kann jemand z. B. haben, weil andere Angst vor ihm haben oder hohes Vertrauen in ihn setzen. Verkürzt kann Einfluss umschrieben werden mit: *„Was ich bewirken kann"*.

- **Der Selbstwert** bezeichnet das tatsächlich erlebte Selbstwertgefühl und Selbstvertrauen einer Person. Dabei gilt es zu bedenken, dass Selbstvertrauen auch vorgetäuscht werden kann. Übersteigertes Selbstvertrauen geht nicht selten mit einem geringen Selbstwertgefühl einher. In diesem Sinne kann Selbstwert verkürzt umschrieben werden mit *„Welches Selbstwertgefühl ich habe"*.

Wie Status sich nun als Kombination dieser Elemente zusammensetzt, visualisiert der Statusradar.

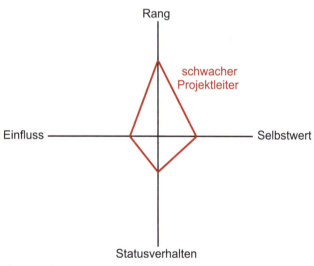

Statusradar

Je weiter entfernt vom Mittelpunkt eine Eigenschaft auf der entsprechenden Achse markiert wird, desto stärker ist sie ausgeprägt. Natürlich gilt dies immer bezogen auf einen bestimmten Kontext, also z. B. „die Firma", „die Arbeitsgruppe" oder „die Gesellschaft". Im Zusammenhang mit Statusverhalten bedeutet „ausgeprägt", viele Überlegenheitssignale zu senden. Ein Statusverhalten nahe des Mittelpunktes geht dementsprechend mit vielen Unterlegenheitssignalen einher.

Beispiel:

> In der Grafik ist der Status eines Projektleiters in seinem Projektteam dargestellt. Er hat – bezogen auf das Projektteam – einen relativ hohen Rang (eben den des Projektleiters), dabei aber relativ wenig Einfluss, Statusverhalten und Selbstwert. Salopp gesagt, hat er in seinem Team nicht viel zu sagen und jeder macht vermutlich weitgehend, was er will.

Ein Weg, mit dem Statusradar zu arbeiten, besteht darin, durch Selbst- und Fremdeinschätzung den eigenen Status zu reflektieren. Ebenfalls interessant ist es, sich bestimmte Typen anzuschauen, die in der Projektpraxis oft anzutreffen sind. Das folgende Diagramm stellt einige solcher Typen dar.

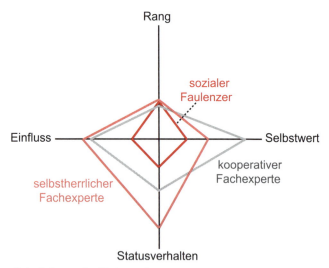

Beispieltypen im Statusradar

Hier eine kurze Beschreibung dieser drei Typen:

- Der selbstherrliche Fachexperte tritt mit hohem Statusverhalten auf. Er ist sich seines Einflusses auf Basis seines Expertenwissens bewusst und spielt ihn gerne aus. Sein hinter der Fassade eher geringes Selbstwertgefühl kompensiert er durch hohes Statusverhalten. Selten ist er mit seinem Rang (seiner Position im Unternehmen) zufrieden.

- Der kooperative Fachexperte braucht aus seinem Einfluss, den ihm sein Expertenwissen verleiht, kein Gefühl von Selbstwert zu ziehen. Sein Statusverhalten ist im Allgemeinen der jeweiligen Situation angemessen. In der Regel ist er mit seinem Rang (seiner Position im Unternehmen) zufrieden.

- Der soziale Faulenzer ist in keine wesentlichen Arbeitsprozesse mehr eingebunden und hat sich in dieser bequemen Lage eingerichtet. Interessant ist, dass er in anderen Kontexten (z. B. Sportverein) erstaunlich aktiv und selbstbewusst agieren kann. Es gelingt ihm aber nicht, dieses Potenzial in Bezug auf die Arbeit zu aktivieren.

> Beachten Sie: Typisierungen gehen generell mit Überzeichnungen einher. In der Praxis haben wir es mit Menschen zu tun, die immer nur in einem gewissen Maße einem Typen entsprechen. Natürlich lassen sich über die drei genannten Beispiele hinaus noch einige weitere Typen im Statusradar finden.

Einer der wichtigen grundsätzlichen Zusammenhänge im Statusradar ist folgender: Statusverhalten ist der Faktor, den man unmittelbar beeinflussen kann, um den eigenen Status zu verändern. Die Fähigkeit einer Person, das eigene Statusverhalten anzupassen (also die Statusflexibilität), steigt und sinkt allerdings mit dem Selbstwert.

Beispiel:

Sie möchten, dass ein Mitarbeiter mehr Verantwortung übernimmt. Dazu reicht es nicht aus, ihm offiziell einen Rang wie „Teamleiter" zu verleihen oder ihn durch eine Ansprache an das Team zu ermächtigen. Der Mitarbeiter muss auch sein Statusverhalten entsprechend anpassen (also Statusflexibilität zeigen) und dazu über einen geeigneten Selbstwert verfügen. Die Statusflexibilität des Mitarbeiters können Sie indirekt über den Selbstwert erhöhen, indem Sie ihm Wertschätzung zuteilwerden lassen. Am einfachsten lässt sich das durch ausdrückliche Anerkennung seiner Leistung, also ein gezieltes und ehrliches Lob, bewerkstelligen.

Übungen für die Praxis

Um das Statusverhalten im Team deutlich zu machen, bietet sich folgende Übung an.

Übung: Statusverhalten im Team

Ein Teammitglied wird für die Dauer der Übung zum „Projektleiter" ernannt. Er soll ein Gespräch mit einem Mitarbeiter – ein anderes Teammitglied – führen, der aus seiner Sicht bei der Entwicklung einen schweren Fehler begangen hat. Diese Situation wird nun zweimal durchgespielt, wobei vorab für die beiden Gesprächspartner jeweils unterschiedliche Statusverhalten festgelegt werden.

- In der ersten Situation hat der Projektleiter Hochstatus und der Entwickler Tiefstatus.

- In der zweiten Situation ist es umgekehrt.

Es zeigt sich dann deutlich, wie unterschiedlich das Gespräch verläuft. Dadurch wird der Einfluss von Statusverhalten auf Gesprächssituationen gut sichtbar.

Im Anschluss daran können die einzelnen Teammitglieder in der Gruppe ihr eigenes, typisches Statusverhalten reflektieren, und erkennen, wie dies auf die anderen wirkt. Dadurch wird z.B. dem „Vielredner" klar, dass er (meistens ungewollt) wichtige Gesprächsbeiträge und gute Ideen der anderen unterdrückt. Die Teammitglieder lernen dadurch z.B. auch, wie sie stille Kollegen aktivieren können, indem sie den eigenen Status durch ihr Statusverhalten situativ bewusst senken."

Der Statusradar kann natürlich auch für Übungen mit dem Team genutzt werden.

Übung: Statusradar

1. Jedes Teammitglied schätzt (zeichnet) seine eigene Position im Statusradar ein.

2. Jedes Teammitglied schätzt (zeichnet) die Positionen der anderen im Team im Statusradar ein.

3. Gemeinsam werden die Unterschiede zwischen der Fremd- und Selbsteinschätzung besprochen.

4. Jedes Teammitglied überlegt sich seine eigene, gewünschte Position im Statusradar. Dazu überlegt er sich dann auch, welche Handlungsmöglichkeiten es gibt, um die eigene Position in die gewünschte Richtung zu verändern.

Die Ergebnisse, die man durch die Arbeit mit dem Statusradar bekommt, können über die reine Selbstreflexion hinaus noch für viele andere Erkenntnisse nützlich sein. Es können dadurch z.B. Mitarbeiter mit Potenzial identifiziert oder Probleme in der Führungsstruktur aufgezeigt werden.

Projektmanager und Scrum Master als Team–Coaches

Wenn ein Projektmanager oder Scrum Master ein selbstorganisiertes Team steuert, dann geht es weniger darum, direkt steuernd einzugreifen, als indirekt die Selbststeuerung des Teams und des Einzelnen zu unterstützen. In der Literatur zum Projektmanagement gibt es wenige konkrete Informationen dazu, welche Form der Kommunikation zwischen Projektmanager und Team genau hilfreich ist, damit dies gelingt. Es existiert aber ein anderer Bereich, der sich genau mit dieser Fragestellung intensiv beschäftigt: Coaching.

Unter dem Begriff Coaching werden heute viele verschiedene Konzepte der Beratung und Unterstützung vermarktet und verstanden. Im Folgenden wird auf Techniken einer wissenschaftlich fundierten Form des Coachings zurückgegriffen, nämlich des systemisch-lösungsorientierten Coachings. Was diesen Coaching-Ansatz auszeichnet, steckt im Wesentlichen bereits in seinem Namen, nämlich, dass er auf Konzepten der Lösungsorientierung und der systemischen Beratung aufbaut.

Die Grundtechniken, die hier vorgestellt werden, sind für Projektleiter und Scrum Master eine hilfreiche Erweiterung des eigenen Handlungsspielraums, um die Selbstständigkeit und Selbstorganisation einzelner Teammitglieder zu stärken.

Im Coaching werden die Personen, die man coacht, „Klienten" oder „Coachees" genannt. Da es hier konkret um den Einsatz von Coachingtechniken durch Projektleiter oder Scrum Master geht, wird stattdessen einfach der Begriff „Teammitglied" verwendet. Der Begriff Coach wird dagegen beibehalten. Damit soll auch deutlich werden, dass Sie als Projektleiter nicht immer in der Rolle eines Coachs sind. Oft ist auch gefragt, dass Sie einfach klar sagen, wo es langgeht. Wann Sie welche Rolle einnehmen, ob Sie also „Projektleiter als Coach" oder „Projektleiter als Entscheider" sind, entscheiden Sie in jeder Projektsituation selbst.

> Coachingtechniken beherrscht man nicht gleich, wenn man einmal von ihnen gelesen hat. Vielmehr muss man sie erst in der Praxis gezielt üben. Vielleicht ist auch die eine oder andere Weiterbildung nötig, bevor man die Techniken wirksam einsetzen kann.

Die Grundhaltung des Coachs: Askese

Ziel des systemisch-lösungsorientierten Coaching ist es, dass der Betroffene aus sich selbst heraus Lösungen für sein Problem findet. Dahinter steht, dass Lösungsideen, die der Mitarbeiter selbst erarbeitet hat, zum einen viel besser zu seinem konkreten Problem passen und zum anderen mit einer deutlich höheren Umsetzungswahrscheinlichkeit einhergehen. Aus dem Alltag dürfte jedem das Phänomen bekannt sein, dass die eigenen Ideen als besonders motivierend erlebt werden. Das passt natürlich nur bei Situationen, in denen das Teammitglied sein Problem am besten kennt und auch das nötige Wissen hat, um selbstständig auf eine Lösung hinzuarbeiten. Der Coach hilft dem Teammitglied dann nur, das Problem aus den richtigen, also für eine Lösung hilfreichen Perspektiven zu sehen. Für diesen Prozess ist es wichtig, dass der Coach keine eigenen Anteile zum Problem oder zu den Lösungen des Mitarbeiters hinzufügt. Die daraus abgeleitete Grundhaltung wird Askese genannt. Das Gegenteil von Askese wäre es z.B., dem Mitarbeiter von eigenen Erfahrungen mit ähnlichen Problemkonstellationen zu berichten oder gut gemeinte Lösungsvorschläge zu unterbreiten.

Askese beugt insbesondere der Gefahr vor, dass der Coach glaubt, das Problem des Mitarbeiters verstanden zu haben, und dass er in diesem Glauben kausale Zusammenhänge konstruiert, die so gar nicht existieren. Aus solchen vermeintlichen Kausalitäten folgen dann schnell Ratschläge, die an dem, was für den Mitarbeiter tatsächlich nützlich wäre, vorbeigehen.

Die Askese-Haltung seitens des Coaches ist übrigens auch ein wesentlicher Unterschied zwischen Beratung und Coaching. Denn bei einer klassischen Beratung vertraut der Mitarbeiter auf die Expertise des Beraters und verlagert die Verantwortung für das Bereitstellen von Lösungen auf ihn. Durch die Askese des Projektmanagers bzw. Scrum Masters erlebt sich der Mitarbeiter selbst als „Treiber" der Lösung, was sein Gefühl von Selbstwirksamkeit stärkt und nachhaltig zu mehr Selbstständigkeit führt.

Wenn Sie den Einsatz von Askese in Gesprächen mit Mitarbeitern üben, werden Sie erstaunt sein, wie schwer es mitunter fällt, die eigenen Ideen und Gedanken zurückzuhalten. Eine Hilfestellung bietet hier die Gesprächstechnik des aktiven Zuhörens (mehr dazu weiter unten).

Ressourcenfokussierung

Häufig erleben sich Betroffene in Problemsituationen als kaum handlungsfähig, weil ihre Wahrnehmung sich einschränkt und ganz von den verschiedenen Aspekten des Problems dominiert wird. Dadurch erscheint das Problem umso größer und mächtiger. Gleich einem Teufelskreis schränkt dies die Wahrnehmung dann noch weiter ein. Die Möglichkeit einer Lösung scheint für den Mitarbeiter in immer weitere

Ferne zu rücken. Durch eine Fokussierung des Mitarbeiters auf seine eigenen Ressourcen bzw. Stärken kann diesem Phänomen entgegengesteuert werden. Je stärker jemand seine eigenen Stärken und Fähigkeiten im Blickfeld hat, desto handlungsfähiger fühlt er sich, und desto wahrscheinlicher ist es, dass er selbst Schritte hin zu einer Problemlösung erdenken und unternehmen kann.

Unter Ressourcenfokussierung werden Techniken des Coaches verstanden, die dazu dienen, dass ein Mitarbeiter sich seine eigenen Stärken ins Bewusstsein ruft. Konkret kann der Coach dies durch gezielte Fragenabfolgen erreichen. Ziel der Fragen ist es dabei, eine Selbstreflexion des Mitarbeiters anzuregen, bei der dieser seine eigene Handlungsfähigkeit nacherlebt.

Ein Beispiel für eine solche Abfolge von Fragen ist:

- Wann haben Sie ein vergleichbares Problem in der Vergangenheit erfolgreich gelöst?
- Wie genau war das?
- Was genau haben Sie damals getan?

In Bezug auf das Team ist es in agilen Projekten wesentlich, dass ein Gefühl von „Gemeinsam schaffen wir das!" entsteht. Auch hierzu bietet sich eine Ressourcenfokussierung an, bei der Sie sowohl individuelle Kompetenzen als auch Kompetenzen des gesamten Teams in Bezug auf die anstehenden Aufgaben hervorheben. Wenn Sie erst einmal darauf achten, werden Sie viele Gelegenheiten entdecken, bei denen Sie solch eine Form der Ressourcenfokussierung anwenden können.

Grundsatz: Lösungsorientierung

Der Grundsatz der Lösungsorientierung beinhaltet, sich nicht auf die komplexen Ursachen von Fehlern und Problemen zu konzentrieren, sondern darauf, wie die Probleme in der Zukunft gelöst werden können. In vielen Projekten, die gut funktionieren, wird diese Vorgehensweise bereits praktiziert.

Die wesentliche Idee der Lösungsorientierung besteht in der Sichtweise, dass es für einen Mitarbeiter wenig sinnvoll ist, sich in einem Gespräch ausgiebig mit den Problemkonstellationen zu beschäftigen. Es kann davon ausgegangen werden, dass er dies bereits im Vorfeld des Gesprächs getan hat und praktisch ein Experte im Bereich seiner eigenen Probleme ist. Inhalt des Coachings sollte es daher sein, ihm neue Sichtweisen auf mögliche Lösungen zu eröffnen. Daher sollte auch das Coaching auf Lösungen statt auf Probleme orientiert sein.

Techniken, die in diese Richtung arbeiten, sind die „Ja, wenn-Technik", die Ressourcenfokussierung und die Musterunterbrechung.

Ja-wenn-Technik

Diese einfache Technik führt den Mitarbeiter in einem Gespräch zur Lösungsorientierung. Achten Sie darauf, an welcher Stelle Argumente des Mitarbeiters sinngemäß mit „Nein, weil ..." beginnen. Bitten Sie ihn, aus dem „Nein, weil ..." ein „Ja, wenn ..." zu machen. Damit orientieren Sie ihn automatisch weg von Problemen hin zu möglichen Lösungsstrategien.

Beispiel:

 Ein Mitarbeiter kommt zu Ihnen als Projektleiter und informiert Sie, dass er eine bestimmte Aufgabe nicht wie geplant bis morgen Abend fertigstellen kann. Statt zu fragen „Warum nicht?" (Problemorientierung), fragen Sie direkt „Was müssten wir machen, damit du die Aufgabe bis morgen erledigen kannst?". Nach einigem Überlegen zeigt der Mitarbeiter selber Möglichkeiten auf, wie er Zeit gewinnen könnte, wenn er andere Aufgaben abgibt. Sie fragen weiter: „Welche Möglichkeiten haben wir noch?". Der Mitarbeiter kommt dann auf eine Idee, wie er die fragliche Aufgabe abspecken könnte, ohne das Gesamtziel zu gefährden.

In manchen Fällen können Sie vielleicht die gleichen Lösungsideen auch als Projektleiter direkt selbst nennen. Denken Sie aber hier wieder daran, welchen Unterschied es für die Selbstverantwortlichkeit des Mitarbeiters macht, wenn die Ideen von ihm selbst kommen.

Musterunterbrechung

Unser Denken läuft in bestimmten Mustern ab. Bei Menschen, die sich mit einem Problem beschäftigen, das sie als belastend wahrnehmen, lässt sich dies gut beobachten. Häufig engt sich ihr Denken auf Aspekte ein, die mit dem Problem zu tun haben. Im Alltag oder in der Projektarbeit kennt jeder solche Phasen der Problemfokussierung, bei denen die Gedanken immer wieder um das Problem kreisen und sich daraus trotzdem keine rechten Lösungsideen ergeben wollen.

Auf der anderen Seite kennt man aus dem Alltag oder der Projektarbeit auch Situationen, in denen alles wie von selbst zu laufen scheint und sich ein Schritt gleichsam automatisch aus dem vorhergehenden ergibt. In solchen Situationen ist das Denken eher auf Lösungen statt auf Probleme fokussiert. Man kann hier von einem lösungsorientierten Denkmuster sprechen.

Das systemisch-lösungsorientierte Coaching geht davon aus, dass das Finden neuer Lösungen in einem problemfokussierten Denken sehr unwahrscheinlich ist. Um einen Mitarbeiter im Finden neuer Lösungen zu unterstützen, gilt es daher, ihm zunächst zu helfen, in einen lösungsorientierten Denkzustand zu kommen, also sein bisheriges Denkmuster zu unterbrechen. Aus diesem heraus kann er dann Lösungsideen finden und konkrete Schritte daraus ableiten.

> Eine Musterunterbrechung dient im systemisch-lösungsorientierten Coaching dem Übergang von einem problemorientierten hin zu einem lösungsorientierten Denkmuster.

Der Coach kann durch Gesprächstechniken diesen Übergang, also eine Musterunterbrechung, beim Mitarbeiter herbeiführen. Ein Beispiel für eine solche Gesprächstechnik, die einer Musterunterbrechung dient, ist die zuvor beschriebene „Ja, wenn-Technik". Ein weiteres Beispiel sind gezielte Fragen nach Situationen, an die der Mitarbeiter positive Erinnerungen oder Erwartungen hat. So können Sie das Gespräch abrupt wenden, indem Sie den Mitarbeiter z.B. nach seinem letzten Urlaub fragen (Das geht natürlich nur, wenn diese Frage zu ihrem Verhältnis zum Mitarbeiter passt! Es sind natürlich auch andere Themen denkbar.). Vielleicht leitet ihn ein kurzes Gespräch darüber zu positiven Denkmustern.

Die wesentliche Erkenntnis aus dem Konzept der Musterunterbrechung ist also, dass es wenig bringt, einem Mitarbeiter mit Lösungsideen zu kommen, wenn er innerlich noch voll in das Problem verstrickt ist. Ob der Musterzustandswechsel gelingt, erkennen Sie an der Veränderung der Körperhaltung und der Mimik des Mitarbeiters. Dann können Sie das Gespräch zu möglichen Lösungen des eigentlichen Problems zurückführen.

Metaphern

Als Metaphern werden Sprachbilder bezeichnet. Sie sind ein wichtiger Teil unserer Alltagssprache. Mit dieser bildhaften Sprache werden unser Unterbewusstsein und unsere Emotionen direkt angesprochen. Metaphern eröffnen uns daher den Zugang zu tieferen Verständnisebenen, die sich dem bewussten Denken häufig entziehen.

Beispiel:

„Wir sitzen alle in einem Boot", ist eine Metapher. Widrige wirtschaftliche Umstände können als „raue See" oder fragliche Arbeitsteilung als „nicht alle rudern" benannt werden.

Solche Metaphern erzeugen in uns eine Reihe von bildhaften Assoziationen.

Als Coach Ihrer Mitarbeiter sollten Sie besonders darauf achten, mit welchen Metaphern ein Mitarbeiter Probleme oder Lösungen beschreibt. Man kann sie aufgreifen, um dann selbst in den Bildern des anderen zu sprechen und auf der Ebene dieser Bilder Konstellationen zu hinterfragen oder neue Lösungen anzubieten.

Beispiel:

Ihr Mitarbeiter merkt an, dass die Entwicklung zurzeit „Fahrt verliert". Sie fragen ihn daraufhin, was aus seiner Sicht getan werden müsste, um wieder „richtig Segel zu setzen". Das neue Bild stößt in ihm Gedanken an und er nennt vielleicht konkrete Lösungsvorschläge.

In diesem Beispiel bauen Sie in das Problembild des Mitarbeiters eine Lösung auf Bilderebene ein und unterstützen so die konkrete Lösungsfindung. Damit erhalten Sie in der Praxis einen besseren (um eine zusätzliche Ebene erweiterten) Zugang zu Ihrem Mitarbeiter.

Auch zur Förderung der Selbstverantwortlichkeit eines Teams sind Metaphern nützlich. Teams können nur in dem Maße selbstverantwortlich agieren, in dem bei den einzelnen Teammitgliedern Motivation und Identifikation mit der Gesamtaufgabe vorhanden sind. Ein wichtiges Element zur Steigerung der Motivation eines Teams ist eine Vision, die von allen geteilt wird. Dafür bieten sich Metaphern an, da sie dem Einzelnen den Freiraum lassen, die Vision für sich auszugestalten. Die Erfahrung zeigt, dass solche Metaphern oft unbewusst vom Team selbst aufgebracht und genutzt werden. Als Projektleiter können Sie diese aufgreifen und weiterführen. Aus Metaphern, die immer wieder vorkommen und weiter ausgebaut werden, können dann auch komplexere Visionen für das Team entstehen. Solche „natürlich gewachsenen" Zielbilder erzeugen im Team sicherlich höhere Akzeptanz, als solche, die vom Projektleiter erdacht und von außen eingebracht werden.

Systemische Sichtweise

Bei einer systemischen Sichtweise werden Problemkonstellationen als System begriffen, in dem viele Elemente in Wechselwirkung miteinander stehen. In dieser Sichtweise gibt es keine einfachen Ursache-Wirkung-Ketten. Die Regeln, nach denen sich die einzelnen Teile des Systems verhalten, miteinander kommunizieren und immer wieder aneinander ausrichten, sind komplex und müssen bei der Suche nach Lösungen berücksichtigt werden.

Angenommen, Sie denken über einen Ihrer Mitarbeiter, dass er faul ist. Diese Annahme macht aus systemischer Sicht wenig Sinn. Sie können ja gar nicht beobachten, wie der Mitarbeiter „ist", sondern nur, wie er sich verhält. Und dieses Verhalten findet in einem ganz bestimmten System und Kontext (Team, Großraumbüro etc.) statt. Vielleicht zeigt er unter veränderten Systembedingungen, beispielsweise in seinem Schachverein, enormen Einsatz und hohes Verantwortungsbewusstsein. Dann wäre aus systemischer Sicht eine sinnvolle Frage: „Was braucht der Mitarbeiter, um im Team Leistung zu bringen?" Da man Mitarbeiter nur selten los wird, bringt diese Frage Sie weiter, als einfach festzustellen, dass der Mitarbeiter faul ist. Wenn Sie als Projektleiter oder Scrum Master konsequent so eine systemische Sichtweise auf Ihr Team und die Probleme dort einnehmen, so steigt die Wahrscheinlichkeit, dass Sie das Team zu seiner bestmöglichen Leistung führen.

Gesprächs- und Fragetechniken

Coaching nutzt viele Gesprächs- und Fragetechniken, die aus unterschiedlichen Bereichen (insbesondere der systemischen Beratung) adaptiert wurden. Diese Techniken können als Handwerkszeug verstanden werden, um die abstrakteren Vorgehensweisen, wie z.B. die Lösungsorientierung oder die Ressourcenfokussierung, im Gespräch zum Einsatz zu bringen.

Die Fähigkeit, gute Fragen zu stellen, war und ist natürlich von jeher eine wichtige Kompetenz für Projektleiter. In agilen Projekten, bei denen die informelle Kommunikation ja noch stärker im Vordergrund steht als bei klassischen Projekten, fällt sie noch mehr ins Gewicht.

Wichtige Gesprächstechniken

Sicher kennen Sie bereits einige Gesprächstechniken und setzen sie in Gesprächen auch ein. Sehr wahrscheinlich machen Sie dies meistens unbewusst. Spannend ist es, einmal bewusst darauf zu schauen, welche Gesprächstechniken es gibt und in welchen Situationen diese vielleicht besonders passen. Je intensiver Sie sich damit auseinandersetzen, desto wahrscheinlich ist es, dass Sie in Zukunft öfter bewusst auf passende Gesprächstechniken zurückgreifen. Für Projektleiter und Scrum Master ist ein bewusster Umgang mit Gesprächstechniken besonders zur Moderation und bei Eskalationen nützlich.

Projektmanager und Scrum Master als Team-Coaches

Wichtige Gesprächstechniken im Überblick		
Gesprächs-technik	Wie sie funktio-niert	Mögliche Ziele
Wiederholen	Ich wiederhole das Gehörte wortgetreu.	Ich möchte mein Gegenüber veranlassen, noch einmal über seine Aussage nachzudenken.
Paraphrasieren	Ich fasse das Gehörte mit eigenen Worten zusammen.	■ Ich möchte mich absichern, dass ich das Gehörte richtig verstanden habe. ■ Ich möchte signalisieren, dass ich aufmerksam zuhöre.
Pause	Ich sage einfach nichts, bleibe dem anderen aber zugewandt.	■ Ich möchte die Gesprächsinitiative abgeben. ■ Ich möchte das Gegenüber anregen, über seine letzte Aussage nachzudenken.
Meta-Kommunikation	Ich gehe auf die aktuelle Gesprächssituation ein. Beispiel: „Ich glaube nicht, dass es nützlich ist, wenn wir so miteinander sprechen."	■ Ich möchte den anderen darauf aufmerksam machen, dass er unangemessen kommuniziert. ■ Ich möchte die augenblickliche Situation thematisieren, da sie mich stört.

Wichtige Gesprächstechniken im Überblick		
Gesprächs-technik	Wie sie funktio-niert	Mögliche Ziele
Mimik ansprechen	Ich spreche die aktuelle Mimik des anderen an, ohne diese zu interpretie-ren. Beispiel: „Sie run-zeln die Stirn."	■ Ich möchte in Erfah-rung bringen, was der andere denkt. ■ Ich möchte ihm die Gesprächsinitiative übertragen.
Gespräch abbrechen	Ich teile dem ande-ren in ruhigem Ton mit, dass ich das Gespräch abbreche.	■ Ich möchte eine Pause machen, um die Situa-tion zu entspannen. ■ Ich möchte dem ande-ren signalisieren, dass ich so nicht mit mir reden lasse.
Fragen	Siehe den folgenden Abschnitt zu den „Frage-techniken".	

Fragetechniken

Ähnlich wie die Gesprächstechniken, werden Ihnen die meis-ten der hier aufgeführten Fragetechniken bereits bekannt sein. Sie werden Sie mehr oder minder unbewusst einsetzen. Doch gerade mit Fragetechniken lohnt sich ein bewusster Umgang, um die vielen Möglichkeiten auszuschöpfen, die die unterschiedlichen Frageformen bieten. Vermutlich kennen Sie den Satz „Wer fragt, der führt". Und tatsächlich geben Sie mit jeder Frage, die Sie stellen, dem Gefragten eine Denkrichtung vor. Somit sind Fragen ein mächtiges Werkzeug, um das Denken anderer zu beeinflussen. Umso wichtiger, dass man gezielt fragt!

Man unterscheidet offene und geschlossen Fragen. Hier die wichtigen Unterschiede im Überblick.

Offene Fragen	Geschlossene Fragen
Starten meist mit einem Fragewort (wer, wann, wozu etc.) und erfordern eine längere Antwort	Können kurz mit „Ja" oder „Nein" beantwortet werden
Tragen dazu bei, mehr Informationen zu bekommen	Tragen dazu bei, einen Sachverhalt zu klären
Verwendet man tendenziell zu Anfang eines Gesprächs	Verwendet man tendenziell zum Ende eines Gesprächs
Helfen Kontakt herzustellen	Helfen Verbindlichkeit herzustellen

Offene Fragen zeichnen sich dadurch aus, dass beim Befragten Denk- und Reflexionsprozesse angestoßen werden.

Beispiel:

Wenn Sie als Scrum Master einen Vielredner beim Daily-Standup-Meeting einbremsen möchten, unterbrechen Sie ihn mit der Frage „Was ist dein wichtigster Punkt?" Daraufhin wird er kurz stocken (Selbstreflexion) und eine knappe Antwort geben. Diese können Sie dann nutzen, um die Moderation weiterzuführen.

Innerhalb der geschlossenen und offenen Fragen gibt es eine ganze Reihe konkreter Fragearten.

Frageart	Beispiele	Mögliche Ziele
Nachfragen	Anderer: „Das geht über LAN." Sie: „Wie genau funktioniert das?"	Konkretisierung einfordern
Rückfragen	Anderer: „Wie könnten wir das lösen?" Sie: „Was glauben Sie, wie wir das lösen könnten?"	▪ Meinung anderer einholen ▪ Zeit gewinnen
Gegenfragen	Anderer: „Wann kannst du fertig sein?" Sie: „Bis wann benötigen wir das?"	▪ Gesprächsführung zurückgewinnen ▪ Zeit gewinnen
Zirkuläre Fragen: Fragen nach der Meinung Dritter	„Was würden unsere Kunden sagen, wenn ich sie frage, ob dieser Punkt wichtig ist?"	▪ Den anderen zu einem Wechsel der Perspektive bewegen ▪ Denkblockade lösen
Paradoxe Fragen: Fragen nach dem Gegenteil des eigentlich Erwünschten	„Was müssten wir tun, um den Kunden zu verlieren?"	▪ Denkblockade lösen ▪ Neue Energie in Diskussion bringen

Frageart	Beispiele	Mögliche Ziele
Alternativfragen: Frage liefert verschiedene Antwortmöglichkeiten	„Sollen wir das Meeting am Donnerstag machen oder am Freitag?"	■ Entscheidung einfordern ■ Entscheidungsraum eingrenzen
Rhetorische Fragen	„Würden Sie einfach auf einen Teil Ihres Gehalts verzichten?"	■ Aufmerksamkeit bekommen ■ Kooperative Haltung erzeugen
Suggestivfragen	„Sie möchten doch auch Qualität geliefert bekommen?"	■ Entscheidungsspielraum eingrenzen ■ Überzeugen
Hypothetische Fragen	„Angenommen, wir hätten mehr Budget, welche Features könnten wir dann noch realisieren?"	■ Denkblockaden lösen ■ Optionen in den Raum stellen
Skalierungsfragen	„Auf einer Skala von 1 bis 100, wie gut schätzen Sie die Zusammenarbeit ein?"	■ Konkretisierung einfordern ■ Reflexion anregen

Gibt es auch Fragen, die man vermeiden sollte? Nun, mit Suggestivfragen sollte man zumindest sehr vorsichtig umgehen, da sie schnell zu einer Oppositionshaltung beim anderen führen können.

Beispiel:

Einem Projektleiter ist es wichtig, dass eine Aufgabe noch fertiggestellt wird, bevor der Mitarbeiter, der die Aufgabe bearbeitet, nach Hause geht. Daher fragt er ihn: „Es macht dir doch nichts aus, das noch fertig zu machen?". Der Mitarbeiter hat in letzter Zeit bereits mehrfach seinen Feierabend hinausgeschoben und kommt sich durch diese Frage veralbert vor.

Ein Fragewort, das man vermeiden sollte, ist „Warum". Warum-Fragen werden manchmal auch Verhörfragen genannt. Dies zeigt sich, wenn Sie sich die unterschiedliche Wirkung der folgenden beiden Fragen vor Augen führen:

- Warum sind Sie zu spät gekommen?
- Wie kommt es, dass Sie zu spät gekommen sind?

Aktives Zuhören

Aktives Zuhören ist eine sehr nützliche Technik, um Askese (mehr dazu weiter oben) anzuwenden, z.B. in den ersten Minuten eines Gesprächs, wenn der Mitarbeiter ein Problem schildert. Des Weiteren ist es bei der Anforderungsanalyse nützlich oder um Konfliktsituationen zu deeskalieren. Das aktive Zuhören ist eine der wichtigsten Gesprächstechniken und gleichzeitig auch eine der schwierigsten.

Die wichtigsten Grundregeln für das aktive Zuhören sind die folgenden:

- **Aufmerksamkeit:** Seien Sie mit voller Aufmerksamkeit bei Ihrem Gesprächspartner. Lassen Sie Ihre Gedanken nicht abschweifen. Denn es ist insbesondere Ihre Aufmerksamkeit, die Ihr Gegenüber animiert weiterzureden.

- **Zusammenfassung:** Fassen Sie das Gesagte hin und wieder mit Ihren eigenen Worten zusammen. Das erleichtert Ihnen das Verständnis und der andere bekommt Gelegenheit, Sie zu korrigieren. Es erfordert Übung, den richtigen Zeitpunkt für die Zusammenfassung zu finden. Eventuell ist es hin und wieder nötig, Ihren Gesprächspartner dafür höflich zu unterbrechen, so z. B. wenn der andere viele Punkte hintereinander anspricht. Er wird es akzeptieren, wenn er merkt, dass Sie inhaltlich bei seinem Thema bleiben.

- **Zurückhaltung:** Fügen Sie keine eigenen Informationen hinzu. Beschränken Sie sich bei den Zusammenfassungen auf das, was Ihr Gesprächspartner tatsächlich gesagt hat. Es erfordert innere Stärke, sich zurückzuhalten, insbesondere wenn man sich in dem Themengebiet selber gut auskennt.

Wohldosiert angewendet ist das aktive Zuhören in der Praxis sehr hilfreich. Wenn man es nur schematisch einsetzt, wirkt es schlicht albern. Diese Technik erfordert daher viel Übung und es gilt, klein zu beginnen. Starten Sie z. B. damit, dass Sie in einer passenden Situation einmal die Worte Ihres Gesprächspartners zusammenfassen, dann eine Pause machen und warten, was passiert. Sehr wahrscheinlich wird der andere dann kurz bestätigen und weitersprechen. Damit haben Sie einen ersten Erfolg, auf den Sie in weiteren Situationen systematisch aufbauen können.

Das aktive Zuhören ist nur so lange sinnvoll, wie der andere das Bedürfnis hat, sein Thema weiter auszuführen. Es ist letztlich nur eine von verschiedenen möglichen Gesprächstechniken. Für ein ganzes Gespräch, z.B. bei der Anforderungsanalyse mit einem Kunden, benötigt man natürlich eine gute Mischung mit weiteren Gesprächs- und Fragetechniken.

Auf einen Blick: Das Miteinander in agilen Teams

- Der Einsatz aller agilen Werkzeuge nutzt wenig, wenn deren Prinzipien nicht auch von den einzelnen Mitarbeitern verstanden und gelebt werden. Sie richtig zu kommunizieren, ist daher sehr wichtig für den Erfolg eines agilen Projekts.

- Agiles Projektmanagement lebt von Teammitgliedern, die eigenverantwortlich handeln und sich selbst organisieren. Das erreicht man unter anderem, indem man passiven Mitarbeitern klar vor Augen führt, wie sie aus ihrer Opferrolle herauskommen.

- Konflikte entstehen, wenn das gleichberechtigte Miteinander von Teammitgliedern in Schieflage gerät. Techniken wie die Reflexion mit dem Statusquadrat helfen dabei, das Gleichgewicht wieder herzustellen.

- Projektmanager und Scrum Master sollten Coaches für ihre Teammitglieder sein. Techniken, die aus dem systemisch-lösungsorientierten Coaching stammen, helfen ihnen dabei.

Glossar

> Mit ⇒ gekennzeichnete Begriffe können Sie als Stichworte in diesem Glossar nachschlagen.

Agiles Manifest

Das Agile Manifest wurde von erfahrenen Software-Entwicklern als Reaktion auf das Scheitern vieler Softwareprojekte geschrieben. Es ist ein kurzes Dokument, in dem festgelegt wird, nach welchen ⇒ agilen Werten und ⇒ agilen Prinzipien Software entwickelt werden sollte.

Agile Prinzipien

Die agilen Prinzipien beschreiben die grundlegende Vorgehensweise bei der agilen Produktentwicklung. Dazu gehören z. B. die Entwicklung in ⇒ Iterationen und die Selbstorganisation des Entwicklungsteams.

Agile Werte

Die agilen Werte beschreiben eine Grundhaltung, die bei der agilen Produktentwicklung vorherrschen sollte. Die vier agilen Werte sind dabei jeweils den Werten des klassischen Projektmanagements gegenübergestellt, wobei die agilen Vorrang haben sollten. Beispielsweise soll die Zusammenarbeit mit dem Kunden wichtiger genommen werden als Vertragsverhandlungen.

Anwendungsfälle

Anwendungsfälle, sog. Use Cases, beschreiben die Anforderungen an ein Produkt aus Sicht des Produktnutzers. Ein einzelner Anwendungsfall ist also eine Beschreibung für eine konkrete Situation, in der das Produkt genutzt wird. Die Summe aller Anwendungsfälle beschreibt dann die gesamte Funktionalität des Produktes.

Backlog Grooming

Mit Backlog Grooming wird bei ⇒ Scrum die Pflege des ⇒ Product Backlogs bezeichnet. Dazu gehört z.B., Einträge des Product Backlogs für eine Übernahme in das ⇒ Sprint Backlog vorzubereiten, also deren Beschreibung zu verfeinern.

Burn-Down-Chart

Ein Burn-Down-Chart stellt den Arbeitsstand des Projektes über einen bestimmten Zeitraum dar. Die Kurve des Diagramms beginnt auf der vertikalen Achse oben bei dem noch zu erledigenden Aufwand und läuft dann mit dem abgearbeiteten Aufwand abwärts.

Business Value

Jeder ⇒ Anwendungsfall hat für die ⇒ Stakeholder bzw. den Kunden einen bestimmten Business Value (zu Deutsch: Geschäftswert). Die verschiedenen Anwendungsfälle sind somit also unterschiedlich wertvoll. Im einfachsten Fall kann man dies abbilden, in dem den Anwendungsfällen entsprechende Werte von 1 bis 3 zugewiesen werden.

Cumulative Flow

Cumulative-Flow-Diagramme helfen bei mehrstufigen Prozessen, Engpässe zu identifizieren. Dabei werden für jede Prozessstufe über die Zeit die Anzahl der anliegenden Arbeitsaufträge eingezeichnet. Flaschenhälse im Prozess zeigen sich dann durch „Bäuche" im Diagramm.

Daily Scrum

Das ist die Bezeichnung für eine Daily-Standup-Besprechung innerhalb der Methode ⇒ Scrum.

Daily-Standup-Meeting

Eine täglich mit dem Entwicklungsteam durchgeführte, kurze Besprechung im Stehen. Deren Ziel ist es, dass jeder mitbekommt, woran die anderen gerade arbeiten. Zudem werden darin vom Moderator (z. B. Projektleiter) aktuelle Arbeitshindernisse erkannt, und es können entsprechende Lösungswege vorgeschlagen werden.

Definition of Done

Das agile Team einigt sich darauf, welche Kriterien erfüllt sein müssen, damit eine Aufgabe als erledigt gilt. Diese Kriterien werden Definition of Done genannt. Auf einem ⇒ Task Board darf dann z. B. eine Aufgabe nur nach „Done" bewegt werden, wenn diese Kriterien erfüllt sind.

Development Team

Bei ⇒ Scrum wird das Entwicklungsteam als Development Team bezeichnet.

Drama-Dreieck

Dieses Modell, das aus der Psychologie stammt, veranschaulicht ein soziales Verhaltensmuster, das recht häufig anzutreffen ist. Dabei interagieren ein „Verfolger", ein „Opfer" und ein „Retter". In vielen Projektmeetings läuft dieses Muster in irgendeiner Form ab.

Earned Value

In Earned-Value-Diagrammen werden die Projektkosten fortlaufend den erledigten Aufgaben gegenübergestellt. Daraus lassen sich verschiedene Kennwerte für einen Projektreport ableiten. Zudem wird es darin sichtbar, wenn zu den Projektkosten kein passender Wert in Form von erledigten Aufgaben geschaffen wird.

Epic

Eine Gruppe von zusammengehörigen ⇒ Anwendungsfällen kann in einem Epic zusammengefasst werden. Epics sind praktisch ein Abstraktionsgrad über Anwendungsfälle, um die Übersichtlichkeit zu erhöhen. Im Englischen werden grobe Beschreibungen von Anwendungsfällen auch als ⇒ User Storys bezeichnet.

Inkrement

Dies ist ein Teilprodukt bei der agilen Entwicklung. Ein Inkrement entsteht während einer ⇒ Iteration. Das Inkrement sollte als Teilprodukt funktionsfähig sein, damit die ⇒ Stakeholder es nutzen und Rückmeldung dazu geben können.

Iteration

Eine Iteration ist eine Phase im Projekt, während der ein Teilprodukt entwickelt wird. In der agilen Methode ⇒ Scrum werden Iterationen als ⇒ Sprint bezeichnet.

Kanban

Eine Methode zur Prozesssteuerung, die in ihren Grundideen einige Gemeinsamkeiten mit ⇒ Scrum aufweist. In der Softwareentwicklung wird Kanban manchmal für den Prozess der Fehlerbehebung (Bug Fixing) eingesetzt. Dabei kommen dann ⇒ Cumulative-Flow-Diagramme zum Einsatz.

Minimally Marketable Features

Damit sind Eigenschaften und Funktionen eines Produkts gemeint, die sich eigenständig vermarkten lassen. Daraus lässt sich dann ableiten, welche Produktfunktionen man zuerst entwickeln sollte, um ein bereits verkaufsfähiges Teilprodukt zu erhalten.

Persona

Hier werden „Personen", die einem ganz bestimmten Kundentyp mit ganz bestimmten Interessen entsprechen, entwickelt.

Dies hilft z.B. dabei, Produktanforderungen für bestimmte Zielgruppen gedanklich zu entwerfen oder zu testen. Dabei überlegt man dann, ob die Produktanforderung für eine bestimmte Persona geeignet wäre oder welche Anforderungen die Persona wohl hätte.

Planning Poker

Ein dynamisches Schätzverfahren in einer Gruppe bzw. einem Projektteam. Ziel dabei ist es, möglichst zeiteffizient zu möglichst genauen Aufwandsschätzungen zu gelangen. Dazu gibt es vorgefertigte Kartensätze, mit denen die Teilnehmer nach bestimmten Regeln ihre Schätzungen abgeben.

Product Backlog

Bei ⇒ Scrum werden die Produktanforderungen im Product Backlog gespeichert. Dort finden sich die (noch relativ groben) Beschreibungen aller bekannten Anforderungen, deren Realisierung dann später das Produkt ergeben. Zu Beginn eines ⇒ Sprints wandern dann eine Reihe von Anforderungen aus dem Product Backlog in das ⇒ Sprint Backlog.

Product Owner

Der Product Owner ist eine Rolle im ⇒ Scrum-Team. Er vertritt die Sicht des Kunden bzw. des Produktnutzers und muss daher sehr gut mit den Produktanforderungen vertraut sein. Er hat verschiedene damit zusammenhängende Verantwortlichkeiten. Insbesondere muss er dem Entwicklungsteam für Detailfragen zu den Produktanforderungen kurzfristig zur Verfügung stehen.

Retrospektive

Bei einer Retrospektive handelt es sich um eine Rückschau auf das Projekt, mit dem Ziel, Prozessverbesserungen für die Zukunft abzuleiten. Bei ⇒ Scrum sind Retrospektiven nach jedem ⇒ Sprint (Teilproduktentwicklung) vorgeschrieben.

Review

Bei einem Review wird das bisher entstandene Teilprodukt den ⇒ Stakeholdern (insbesondere den Kunden) vorgestellt, um Rückmeldungen dazu zu bekommen. Dabei geht es um die Frage, inwiefern das Teilprodukt den Vorstellungen der Stakeholder entspricht und welche Erkenntnisse sich daraus für weitere, noch zu entwickelnde Anforderungen ableiten lassen. Ein Review unterscheidet sich also klar von einer ⇒ Retrospektive. Beim Review geht es um die Produktebene, bei der Retrospektive um die Prozessebene.

Scrum

Diese Methode ist ein „Rahmenwerk" für agile Prozesse. Scrum gibt Strukturen vor, die einen erfolgreichen Einsatz des agilen Projektmanagements fördern. Zu diesen Strukturen gehören Projektrollen wie der ⇒Scrum Master und Besprechungen wie das ⇒ Daily Scrum.

Scrum But

Die Gründer von ⇒ Scrum verstehen unter „Scrum But" (zu Deutsch: „Scrum, aber") Projekte, die sich an Scrum anlehnen, es aber nicht exakt befolgen. Dadurch können dann typische Probleme entstehen, für die innerhalb von Scrum keine Lösungen vorgesehen sind. Interessant ist: In der Praxis finden sich weitaus mehr Scrum But- als reine Scrum-Projekte.

Scrum Master

Der Scrum Master ist in einem ⇒ Scrum Team dafür verantwortlich, dass die Regeln des Scrum-Prozesses eingehalten werden. Zudem unterstützt er alle wichtigen ⇒ Stakeholder dabei, die Auswirkungen des Scrum-Prozesses auf ihre Arbeit zu verstehen. In der Praxis übernimmt der Scrum Master häufig verschiedene Aufgaben, die traditionell beim Projektmanager angesiedelt sind.

Sprint

Ein Sprint im ⇒ Scrum entspricht einer ⇒ Iteration im agilen Projektmanagement. Während eines Sprints wird also vom Scrum Team ein Teilprodukt entwickelt. Ein Sprint darf bei Scrum höchstens einen Monat dauern. Die verschiedenen Sprints innerhalb eines Scrum-Prozesses sollten alle jeweils die gleiche Dauer haben, z. B. eine Woche. Dabei schließen die Sprints zeitlich direkt aneinander an.

Sprint Backlog

Innerhalb von ⇒ Scrum beschreibt das Sprint Backlog die Arbeiten, die für das kommende Teilprodukt erledigt werden müssen. Dazu werden in einem speziellen Meeting (⇒ Sprint Planning) passende Anforderungen aus dem Gesamtumfang (⇒ Product Backlog) ausgewählt. Außerdem werden die Beschreibungen der Anforderungen für das Sprint Backlog verfeinert.

Sprint Planning

In Scrum dient das Sprint-Planning-Meeting der Planung eines ⇒ Sprints. Dort wird entschieden, welche Anforderungen für das nächste Teilprodukt umgesetzt werden sollen. In diese Planung wird das gesamte Scrum Team einbezogen. Damit soll insbesondere erreicht werden, dass das gesamte Team dann auch hinter der Planung des Sprints steht und motiviert und eigenverantwortlich an der Zielerreichung mitarbeitet.

Sprint Retrospective

Innerhalb von ⇒ Scrum werden die ⇒ Retrospektiven als Sprint Retrospective bezeichnet. Dabei reflektiert das Scrum Team die Zusammenarbeit im Team, sowie Werkzeuge und Prozesse zu dieser Zusammenarbeit. Das Ziel dabei ist es, konkrete Maßnahmen der Verbesserungen für die kommende Teilproduktentwicklung (⇒ Sprint) abzuleiten.

Sprint Review

Das Sprint Review bei ⇒ Scrum entspricht im Wesentlichen dem Review im agilen Projektmanagement. Dabei stellt das Scrum Team zum Ende der Teilproduktentwicklung (⇒ Sprint) den wichtigen ⇒ Stakeholdern das Ergebnis vor.

Statusquadrat

Das Statusquadrat stellt den Zusammenhang zwischen Statusverhalten und Kooperation bzw. individueller und gemeinsamer Verantwortung grafisch dar. Es hebt hervor, wie wichtig es ist, in einem Gespräch Statusflexibilität zu zeigen.

Statusradar

Der Statusradar stellt den Status als Kombination aus „Einfluss", „Rang", „Selbstwert" und „Statusverhalten" dar. Im Statusradar können individuelle Personen oder allgemeine Typen dargestellt werden.

Stakeholder

Ein Begriff aus dem klassischen Projektmanagement. Unter den Stakeholdern eines Projektes werden Personen verstanden, die direkt oder indirekt von dem Projekt betroffen sind, also informiert sein wollen oder sogar Einfluss auf den Projektverlauf nehmen möchten.

Story Points

Ein Story Point ist ein abstraktes Maß für die Komplexität einer ⇒ User Story. Auf Basis der Erfahrung mit anderen User Storys, deren Story Points und Entwicklungsdauer kann dann letztlich die Entwicklungsdauer zu einem Story Point abgeschätzt werden.

Task Board

An einem Task Board werden aktuelle Aufgaben visualisiert. Es wird unterschieden zwischen Aufgaben, die anstehen, in Bearbeitung sind, fertig sind usw. Ein Task Board kann mit Klebezetteln an einer Wand gestaltet sein oder auch virtuell mit einem Online-Tool.

Glossar

Timeboxing

Unter Timeboxing versteht man das strikte Einhalten vorgegebener Zeitrahmen. Dies findet beim agilen Projektmanagement durchgehend Anwendung, z.B. bei Besprechungen oder bei ⇒ Iterationen. Sollte die Zeit einer Timebox nicht ausreichen, so wird der Umfang möglichst sinnvoll reduziert, damit der Zeitrahmen eingehalten werden kann.

Use Case

Englischer Begriff, der synonym für ⇒ Anwendungsfall verwendet wird.

User Story

Eine sehr kurze Beschreibung einer Anforderung in Alltagssprache. Eine User Story besteht typischerweise nur aus einem oder ein paar wenigen Sätzen und beschreibt einen ⇒ Anwendungsfall auf grober Ebene.

Wertequadrat

Kommunikationsmodell, das den Zusammenhang zwischen gegensätzlich ausgerichteten Werten aufzeigt. Zwei solcher Werte bilden ein Wertepaar. Die Übertreibungen der beiden Werte ins Negative werden dann als zugehörige Unwerte bezeichnet.

WIP-Limit

WIP-Limit steht für „Work in Progress Limit", übersetzt bedeutet dies in etwa „Begrenzung gleichzeitiger Aufgaben". Es ist ein Wert, der die Anzahl von parallelen Aufgaben begrenzt, die ein Mitarbeiter haben darf. Möchte er diese Grenze überschreiten, so muss er dies gut begründen können. Für WIP-Limits werden üblicherweise erst im Verlauf eines Projektes die optimalen Werte gefunden, da dieses Optimum vom jeweiligen Projekt und Team abhängt.

Anhang: Manifest für Agile Softwareentwicklung

Wir erschließen bessere Wege, Software zu entwickeln, indem wir es selbst tun und anderen dabei helfen. Durch diese Tätigkeit haben wir diese Werte zu schätzen gelernt:

- Individuen und Interaktionen *mehr als* Prozesse und Werkzeuge
- Funktionierende Software *mehr als* umfassende Dokumentation
- Zusammenarbeit mit dem Kunden *mehr als* Vertragsverhandlung
- Reagieren auf Veränderung *mehr als* das Befolgen eines Plans

Das heißt, obwohl wir die Werte auf der rechten Seite wichtig finden, schätzen wir die Werte auf der linken Seite höher ein.

Kent Beck	Mike Beedle	Arie van Bennekum
Alistair Cockburn	Ward Cunningham	Martin Fowler
James Grenning	Jim Highsmith	Andrew Hunt
Ron Jeffries	Jon Kern	Brian Marick
Robert C. Martin	Steve Mellor	Ken Schwaber
Jeff Sutherland	Dave Thomas	

© 2001, die oben genannten Verfasser

Literatur und Links

Dieses Buch ist inspiriert durch eine Vielzahl von Literatur und Onlinewissen. Für interessierte Leser sind hier einige prägnante Quellen zum Weiterlesen und Vertiefen aufgeführt.

K. Beck (u.a.), *Das agile Manifest*, http://agilemanifesto.org, Stand: 01/2013: Hier findet sich das agile Manifest, in dem die Werte und Prinzipien der agilen Softwareentwicklung beschrieben werden. Es enthält die wesentlichen Ideen des agilen Projektmanagements und ist auch für Software-Laien weitgehend gut lesbar.

K. Schwaber/J. Sutherland, *Scrum Guide*, http://www.scrum.org/Scrum-Guide, Stand: 07/2013: Die offizielle Beschreibung des Scrum-Prozesses. Das Dokument ist mit 13 reinen Textseiten nicht allzu lang und setzt kein technisches Vorwissen voraus.

F. Schulz v. Thun, *Miteinander Reden*, Rowohlt Verlag, 34. Aufl. 1989: Dieses dreibändige Werk ist ein echter Klassiker zum Thema Kommunikation. Es ist ohne spezielles Vorwissen gut lesbar und enthält viele Denkanregungen und theoretische Modelle. Das von mir beschriebene Wertequadrat findet sich übrigens im zweiten Band des Buches. Wenn Sie das Thema Kommunikation interessiert, dann lohnt sich dieses Büchlein auch als Urlaubslektüre.

S. Greif, *Coaching und ergebnisorientierte Selbstreflexion*, Hogrefe Verlag, 2008: Ein sehr wissenschaftlich gehaltenes und fundiertes Buch zum Thema Coaching.

Stichwortverzeichnis

80/20-Regel 107

Änderungswunsch 12, 59
Angriffsverhalten 182
Anwendungsfall 25, 29, 92
Artefakt 136
Askese 201
Auftragslage 118
Aufwandsschätzung 99

Burn-Down-Chart 109

Chat 87
Coachrolle 200
Cumulative-Flow-Diagramme 117

Daily Scrum 149
Daily-Standup-Meeting 82
Definition of Done 114, 152
Development Team 144
Dokumentation 20
Drama-Dreieck 175

Earned Value 115
Effizienz 109
Eigeninitiative 181
Eigenverantwortung 71
Einfachheit, Prinzip der 64
Entwickler 74
Epic 94
Eskalationsvermeidung 210
Extreme Programming 7

Fachexperte 74
Festpreis, agiler 40
Frage
   geschlossene 214
   offene 214
Fragetechnik 210

Geschäftswert 95
Gesprächstechnik 210
Großraumbüro 86

Impediment 150
Inkrement 50, 137
Issue-Tracker 18
Iteration 48

Ja-wenn-Technik 204

Kanban 119
Körpersprache 187
Kommunikation, osmotische 85
Komplexität 89
Konfliktlösung 169
Kundentyp 97
Kundenzufriedenheit 21

Lessons Learned 67
Lösungsorientierung 204

Manifest, agiles 6
Marktsituation, Änderung 13
Meetingmoderation 84
Meilensteintrendanalyse 113
Metapher 207
Methode, agile 132
Methodenmix 161
Minimally Marketable Features 97
Motivation 72
Musterunterbrechung 205

Opferrolle 177

Pareto-Prinzip 107
Persona 97
Planänderung 23
Planning Poker 99

Planungssicherheit 39
Prinzip, agiles 46
Problemfokussierung 205
Product Backlog 137
Product Owner 143
Produktentwicklung 26
Produktivität 87
Projektleiter 146, 157
Projektstrukturplan 144
Projektumfeld 37
Prototyp 53
Prozessoptimierung 91

Ressourcenfokussierung 203
Retrospektive 67
Review 65

Schätzwert 102
Scrum 134
Scrum But 153
Scrum Master 142
Selbstorganisation 70, 175
Selbstreflexion 203
Selbstwert 193
Sichtweise, systematische 209
Software-Tool 127
Sprint 147
Sprint Backlog 138, 139
Sprint Planning 148
Sprint Retrospective 151
Sprint Review 150

Stakeholder 96
Statusquadrat 189
Statusradar 193
Statusverhalten 187
Story Point 104

Task Board 27, 80
Teamkommunikation 168
Team-Velocity 105
Technik, agile 78
Teilerfüllungsgrad 108
Timeboxing 106, 152

Unified Process 7
Use Case 92
User Story 93

Vertrag 21
Vertragsgestaltung 40
Vision 182

Wasserfallmodell 48
Wert, agiler 17
Wertekonflikt 169
Wertequadrat 170
WIP-Limit 88

Zieldreieck 35
Zielverfolgung, gemeinsames 184
Zuhören, aktives 216

Impressum

Bibliografische Information der Deutschen Nationalbibliothek
Die Deutsche Nationalbibliothek verzeichnet diese Publikation in der Deutschen Nationalbibliografie; detaillierte bibliografische Daten sind im Internet über http://dnb.dnb.de abrufbar.

Print: ISBN: 978-3-648-06517-4 Bestell-Nr.: 10708-0001
ePub: ISBN: 978-3-648-06518-1 Bestell-Nr.: 10708-0100
ePDF: ISBN: 978-3-648-06519-8 Bestell-Nr.: 10708-0150

Dr. Jörg Preußig
Agiles Projektmanagement – Scrum, Use Cases, Task Boards & Co.
1. Auflage 2015, Freiburg

© 2015, Haufe-Lexware GmbH & Co. KG, Munzinger Straße 9, 79111 Freiburg
Redaktionsanschrift: Fraunhoferstraße 5, 82152 Planegg/München
Telefon: (089) 895 17-0
Telefax: (089) 895 17-290
Internet: www.haufe.de
E-Mail: online@haufe.de
Redaktion: Jürgen Fischer
Redaktionsassistenz: Christine Rüber

Konzeption, Realisation und Lektorat: Nicole Jähnichen, www.textundwerk.de
Grafiken: Yvonne Brockerhoff
Satz: Beltz Bad Langensalza GmbH, 99947 Bad Langensalza
Umschlag: Kienle gestaltet, Stuttgart
Druck: freiburger graphische betriebe, 79108 Freiburg

Alle Angaben/Daten nach bestem Wissen, jedoch ohne Gewähr für Vollständigkeit und Richtigkeit.
Alle Rechte, auch die des auszugsweisen Nachdrucks, der fotomechanischen Wiedergabe (einschließlich Mikrokopie) sowie der Auswertung durch Datenbanken oder ähnliche Einrichtungen, vorbehalten.

Der Autor

Dr. Jörg Preußig

unterstützt seit 2010 als selbstständiger Trainer und Experte für agiles Projektmanagement Unternehmen unterschiedlichster Branchen. Davor war er als Diplom-Informatiker viele Jahre in Software-Projekten tätig, sowohl im Mittelstand als auch im Großkonzern. Er verfügt über zahlreiche Zusatzqualifikationen, u. a. ist er zertifizierter systemischer Coach und Mediator. Neben agilem Projektmanagement zählt Kommunikation zu den Themen, die er praxisnah und projektbezogen vermittelt. Mit seiner jahrelangen Bühnenerfahrung im Improvisationstheater gestaltet er Seminare und Vorträge unterhaltsam und lebendig.

Der Autor freut sich über Anmerkungen und Anregungen zu diesem Buch unter taschenguide@preussig-seminare.de.

Mehr über Jörg Preußig erfahren Sie unter www.preussig-seminare.de.

Diplomatie ist mehr als Verhandeln

Der TaschenGuide stellt Ihnen die Grundsätze der diplomatischen Kommunikation vor und zeigt, wie Ihnen Alltagsdiplomatie auch in schwierigen Situationen hilft.

128 Seiten
Buch: € 7,95 [D]
eBook: € 3,99 [D]

Jetzt bestellen!
www.taschenguide.de (Bestellung versandkostenfrei)
0800/50 50 445 (Anruf kostenlos)
oder in Ihrer Buchhandlung

HAUFE.

Haufe TaschenGuides
Kompakt, günstig und einfach praktisch

Soft Skills
- Auftanken im Alltag
- Burnout
- Downshifting
- Emotionale Intelligenz
- Entscheidungen treffen
- Gedächtnistraining
- Gelassenheit lernen
- Gewaltfreie Kommunikation
- Körpersprache
- Lampenfieber und Prüfungsangst besiegen
- Lernen aus Fehlern
- Manipulationstechniken
- Menschenkenntnis
- Mit Druck richtig umgehen
- Mobbing
- Motivation
- Mut
- NLP
- Optimistisch denken
- Potenziale erkennen
- Psychologie für den Beruf
- Resilienz
- Selbstmotivation
- Selbstvertrauen gewinnen
- Sich durchsetzen
- Soft Skills
- Stress ade

Jobsuche
- Arbeitszeugnisse
- Assessment Center
- Jobsuche und Bewerbung
- Vorstellungsgespräche

Management
- Agiles Projektmanagement
- Aktivierungsspiele für Workshops und Seminare
- Besprechungen
- Checkbuch für Führungskräfte
- Compliance
- Delegieren
- Führen in der Sandwichposition
- Führungstechniken
- Konflikte erfolgreich managen
- Konflikte im Beruf
- Mitarbeitergespräche
- Mitarbeitertypen
- Moderation
- Neu als Chef
- Personalmanagement
- Projektmanagement
- Selbstmanagement
- Spiele für Workshops und Seminare
- Teams führen

- Virtuelle Teams
- Workshops
- Zeitmanagement
- Zielvereinbarungen und Jahresgespräche

Wirtschaft
- ABC des Finanz- und Rechnungswesens
- Balanced Scorecard
- Betriebswirtschaftliche Formeln
- Bilanzen
- BilMoG
- BWL Grundwissen
- Buchführung
- BWL kompakt
- Controllinginstrumente
- Deckungsbeitragsrechnung
- Einnahmen-Überschussrechnung
- Englische Wirtschaftsbegriffe
- Finanz- und Liquiditätsplanung
- Finanzkennzahlen und Unternehmensbewertung
- Formelsammlung Wirtschaftsmathematik
- IFRS
- Kaufmännisches Rechnen
- Kennzahlen
- Kontieren und buchen
- Kostenrechnung